Poesia Original

ciência nova

ciência nova

dirceu villa

poemas

1ª edição, São Paulo, 2022

LARANJA ● ORIGINAL

para valentina cantori, este livro triestino

janela guilhotina

a janela era uma porta feita de marinha, porta
para os olhos abrirem em caso de mar: corte,
objeção à parede, espera noturna, melancolia.

horizonte com rasgos de baunilha onde a água
não encontrava solução outra que restar, se
integrando a uma lâmina azul de permanência.

restos ou começos de terra manchavam, secos,
de verde sálvia, a proposição de saída aos olhos,
invisíveis no escuro em sombra detrás da cabeça.

perseguindo arbustos, corpo, hálito de fera, eis
o passado: para suas noites, ruído de asa à distância;
se me recordo, borboletas no meio dos bastidores.

o privilégio dos tolos

a cortesia faz suas algemas de sorriso,
a arma apontada de toda polidez, reserva
e educação: o corpo toma a forma fina
de fraque, as luvas brancas com manchas
descartam-se.

a perfeição se escolhe com uma lâmina,
a linha se traça fronteira, detalhes são
regra tácita: quanta loção e perfume, como
abdicar do salto perfeito, das presas, como
aparar-se.

a gentileza, comércio com hora marcada
de fechar as portas, de limpar da cor toda
impureza: de decidir o limite da extensão
do abraço, do aperto de mão, de quando
calar-se.

sfisstckaded

carros que imitam [melhor] carros antigos,
mas novos, estalam seco nas juntas, metal
mais pesado, tinta aspersa, um marrom talvez
borgonha, motor de cálculo rouco, ou ronco.

rodam com peso, rija almofada, pneus espessos
de borracha densa, conversam com o asfalto
numa fala de uísque cintilado, mas sério, de
barba, rústica, a ser aparada civilizadamente.

bebem petróleo viscoso, ambarado, de bombas
de postos noturnos, odor penetrante, perfume
bom nas narinas, rude à garganta: e expelem
fumaça já quase invisível, a máscara da morte

do céu sem panteões dourados, céu de sombra,
assombrado de ameaças de fim, cinzentas; um
deslize de mercadorias cobiçosas com as portas
fechadas, as janelas escuras e o ar condicionado.

sobrado

que distantes os dias quentes num muro de pedra
pintada de amarelo [pássaro maciço], e as pernas
penduradas como pingentes; parceiros de olhos já
esfumados no velho filme, calções curtos, pernas

glabras, chute na bola de couro gasto, abacateiro
alto junto do caminhão de feira [ford motor co.];
correm de madrugada à janela uns garotos magros,
batem no metal, pulando na caçamba verde, pintada;

as bordas mancham-se [ferrugem, atrito, pano gasto]
de roupas duras da máquina de lavar, os degraus de
concreto nu na américa latina com os fios elétricos
inervando a paisagem infantil, e portões com pontas;

buracos de asfalto cobertos de terra e erva, o terreno
baldio e ratos; só na paisagem crua em que desliza o
fluido pesadelo dos carros; desenho a giz, de bandeira,
se borra após a copa, verde desfigurado; a alta janela

no morro, um esguio sobrado com os tacos caramelo,
soltos e rotos, seu caminho irregular produz estalos, e
mantas listradas soltam felpas sob as patas dos cães; já
distantes, restam nuvens azedas e auroras de buzina?

véspera de não

preso à minha classe, eu vejo as grades da prisão:
a reprovação do crédito, a reprovação da renda, os
bairros assinalados onde sobreviver, as roupas que
se gastam no corpo, e que prosseguem nele, gastas.

o espaço mínimo que me cabe de vida e trabalho, a
voz que não se projeta além dos confins prescritos
na certidão de nascimento, a educação consentida
que indique com clareza os limites de circulação, os

embates que herdei na ferocidade domada do sangue,
na consciência do destino, no cuidado da ração e no
domínio da força em exercício, estoico de incontáveis
perdas no silêncio mordido, no sorriso, véspera de não.

em sábado de aleluia

nós no quintal nós cada um de nós com
um pedaço de pau vendo o fogo que
começa a arder estalar e o boneco de
pano odiado a ponto de os paus agora

começarem a voar sobre ele que queima
ele que arde judas das moedas de ouro
judas do beijo no rosto judas o obscuro
judas enforcado de culpa judas o judas

e o riso da morte zurzindo em porretes
velozes de gosto de bater matar queimar
o mal que nos disseram o mal da traição
o mal de judas judas de malhar e assim

se mata o mal a porrada e riso e linchando
o judas traidor o judas iscariotes descarado
judas a sombra no jardim das oliveiras jura
em falso mato ruim não morre mero judas

estalando deformado de fogo fumando a
própria carne malhada de pano de lençol
de casa a casa boa de onde a gente espanta
o mal pra onde a gente volta fede a cinzas

comer a ceia de cinzas então pôr de lado
a arma do bem a batalha do bom o malhar
do mal e comer-se na morte no massacre
alegre da efígie do falso o demônio na face

de judas jurado de morte judas o obscuro
judas das moedas de ouro judas do beijo
no rosto judas enforcado de culpa o judas
iscariotes judas descarado que jaz no quintal

matéria e memória

porta, segure aquele brilho distante sem movê-lo
de onde o pôs na volta escura da memória, chamar
de sino, mas silente, interferência de dia em noite,
pouso de ave fatigada contra os parapeitos, peço.

sem a inspeção interjetiva, sem o cálculo oneroso
do tempo, as direções de lugar, o antes e o depois:
recorde, discreta em seu abrir, o ar novo soprando,
mas sem guardar o preço tardio que cobrou o frescor

solar daquela vista sem medida de beleza, sem tarifa
de alegria, antes; e como o que nunca deve a sempre,
e jamais paga, agora retorno àquele ponto de presente,
de porta aberta em cartas, em caminhos, o impuro sol.

triestina

a parede com rumores: esta casa vive;
esta casa, estes ladrilhos azuis, *rive* de
trieste, neblinas nos montes junto da
piazza dell'unità — pedras e gaivotas.

o assoalho, e nas paredes a floresta já
revive, sibilina de folhas, novo bosque
de criatura dourada, culta e selvagem,
da terra itálica e tanto muro augsburgo.

e flutuar: água e ar — e quem há que
cultive o que colhe já novo e veraz, o
bem vivo fragor de ondas de estrondo
no peito, de rocha e mexilhões negros?

carta de corte

hoje, vistos, três animais: um, o novilho
preso entre ripas de madeira, dois expertos
e a morte na forma de faca ao pescoço; o
sangue num salto; pernas, rijas de espasmo.

outro, o porco já morto [olhos negros] que
fazem girar num espeto da boca ao ânus: a
pele esfiapa como folhas no calor de cozer,
queimadura escura nas bordas, com frutas.

cordeiro, por fim, negra cria enjeitada, fino
e preso a vidros limpos de ciência ou arte —
esportes —, varado de flechas, novo inocente,
semente de escuridão, o holocausto à lupa.

notícias do mundo

quantas mangueiras acabarão com o incêndio
[abrir as tripas do tubarão para achar um braço
humano dentro: terá escrito coisas importantes
antes de seu desmembramento, terá empunhado

as rédeas a cavalos?] o incêndio queima o aperto
de mãos, o incêndio precipita chuva inesperada
de cinzas nos cidadãos de duas cidades distantes
[o braço dentro de um tubarão lhe fazia cócegas

com os dedos, o tubarão ria ao morrer. descobriu-
se, era braço de boxer, vinte vitórias por nocaute,
até cinco metros de mar e dentes de serra darem
-lhe cabo da carreira]: do incêndio salva-se o fogo.

o homem das montanhas

flores e abelhas se descolam junto do batente,
de um muro duro de cal branca, raspas do
papel de parede das memórias, uma atração
de raios ao vivo no campo, as costas curvas

ao peso das antenas escuras encontrando as
dobras rugosas do céu, no sorriso sob honestas
barbas brancas de homem preso a um tecido
rústico de cânhamo gasto, suas mãos firmes na

bengala de seus feitiços, fincada no chão verde
onde os passos das sombras agigantam-se fora
de alcance: longe, uma árvore inicia a ameaça final.

la voix humaine

fora do carro, linhas elétricas cruzam no alto,
os galhos se emaranham, as nuvens se irritam
[o que digo?] [e a nova casa, tanto trabalho, e
por quanto tempo?]: as dúvidas do mundo se

ponderam; a ação, um gesto falso de certeza [a
roupa superficialmente úmida de sereno nas
pontas dos dedos], como os dados depois [e
quando eu disser a eles, quando eu finalmente

disser a eles sobre], canto de pássaro ecoando
no labirinto de paredes dos prédios juntos [vou
tocar a mão dela, só assim para saber]: no inverno
o céu de metal pede quietude [fecho os olhos?]

a estrutura do martírio

criar o seu oposto: e que o oposto
tenha uma voz invisível; daí exilar
o dilema com a força do forçoso, à
lei ou outro lema: que ele não possa.

separar com uma faca um corpo do
corpo — o sangue seja velho, velha,
a cicatriz; cortar rente apenas para que
seja real, e que real se invista de ser.

depois rezar que o monstro resultante
não seja monstro; não o outro, mas
o mesmo; que ainda ande com uma só
perna, coma à meia-boca; pense, sinta

a insensatez: a senti-la, se não for louco,
morra ainda uma vez, após ter-se matado
o que morreu; após fazer meio, quando
fingia um; sem magia, quando por medo.

grâce farouche

e que estes são os gatos, agora, na neblina;
altos espaldares estampados, os brocados
floridos numa mente de fatalidade serena,
em olhos que submergem, alcoólicos, na

estranha estação gélida soprando do mar
com perfume de escamas e algas; a calma
pose, aprumada, baliza interna de equilíbrio
detido, verde-ácido com um pouco de velho

bosque, de madeiras já minerais, de ossos
porosos como um tronco velho com renda
de trepadeiras; e que este será um salto, já
de patas traseiras, de garras prontas, e silêncio.

a mãe do nosso açougueiro

suas mãos vieram antes. adiante, os dedos graxos
se moviam como se neles prendesse mesmo o ar.
sorrimos, brincamos, porque é uma causa infinita,
essa de compor um anjo. para esta mãe. esta das

horas de *não* e de *ternura*, e aparar tudo que esmaga:
migalhas junto dos lábios, dentes que maltratam.
seu sorriso nos mordia, mascava o mundo como
uma goma, de mandíbula feliz, e mãos tão firmes:

ele agarrava duro as contas sibilantes do chocalho,
seus punhos se fechavam no cercado do andador,
ele fatiava os ovos brancos amando o fio da faca.
mas que gosto ao ver a massa mole que a gema

alaranjava no prato pegajosa, aderência doce que
não pouco se parece com a do sangue, enamorado.
as horas de cortar, suas favoritas. nosso anjo, nosso
gabriel, nosso jorge: a espada é a força, o nosso rito.

oráculos sibilinos

se alguém soubesse que o silêncio, como
alguém saberia que o silêncio? oco dentro,
o espectral calor laranja de adesão aglutina
mecanismo de luz, açafrão: o agrigentino

desperta e caminha desperto durante o dia,
o sinopeu em gesto de lâmpada, são pedro
mártir *in silentium*, um livro mudo como este.
qual a minha duração? milhões de anos de

milhões de anos, a quem passe o passo dos
príncipes, dos primeiros, não importa nada
o abismo aquoso, o sofrer transformações,
outras serpentes [*hena ausar, en ausar*] e lugar

de água e ar; que então também caminhe, mas
desperto durante o dia: não um olho, não dois
olhos, mas três, o olho escuro em plena luz,
o olho mental aceso em sono, o olho circádio.

drosophila melanogaster

que um inseto conquiste as horas densas,
com sua máscara de olhos, planos úmidos;
plante pernas [são cadeiras] que prensam
sua negra vibração hirsuta, clipe de papel,

dúvida não paira: pousa os passos de filme
mudo, antigo, com tremor exato, fremindo
sem peso. pelos travam de testes sua língua,
bomba, tromba, e oscila hipnótico um prazer.

imolação

trágico, o bode expiatório com cigarro
atrás da orelha esquerda, sinistro todo,
o homem torto e tolo como quando a
queda lhe estica patéticas as pernas; o
homem que repete praga, que pragueja
impregnado de sonhos rotos, retalhado,
telegráfico escande contado no escuro
e cobre o chão medido do metrô com
a escória de remédios, mágoas, mortes.

escafandro

a lagoa é negra onde submerge a vontade;
o fundo, lodo negro como piche, pega na
pele e adere, tornando o retorno [já de si
difícil] à superfície um dilema de deixar de

si parte, e trazer a parte treva à tona; uns
se surpreendem sombrios, se encontram
escuros em acordo de abismo, e assim é
que se abismam também, caindo ao subir,

vivos nem tanto, e tampouco mortos: os
olhos se enegrecem, vitrificam, a vida ganha
um espelho partido debaixo da cama, nos
intestinos da floresta seus uivos noturnos,

e lá se retorna curvo à quietude do escuro,
ronda noturna de instintos, os fantasmas
sobrepostos sem encaixe no rosto: as ruínas
das estátuas têm olhos vazios, mãos e sexos

podados; o tempo tem dentes e fúria; a carne
diabólica é plástica; e agora todos sorriem, se
juntos sob a luz fria — sonhada razão — sua
mímica de caverna, rosnados e osso na mão.

cosmopolis

roma. sob os meus pés, amálgama. trajano
faz serpear a história; raízes envolvem os
pés de estátuas, os deuses todos cegos e,
no rosto do busto de césar, os olhos sem

pálpebras de mussolini revivem. no panteão,
ciclópico, jeová penetra em forma de luz e
banha pessoas de bermudas floridas, celular
nas mãos, paciência; convicção alguma em

formas clássicas: museu; imergem no tevere
pedras de pontes, cores do casario, e o céu
se suja de vida e de séculos [ombros de atlas].
eterno repúdio aos não-cidadãos, a velha e

viva ordem equestre; talvez, assim, o soldado
limpe a longa espada enquanto rola a cabeça
da santa, em são clemente, masolino: soa a voz
revolta de emma bonino, pálpebras apertadas.

grande composição com cristaleira

eu olho. diz o primeiro escondendo a mão
atrás das costas, joelho sobre o assento da
cadeira: as páginas voam magicamente, das
costuras da encadernação ao arder da lareira.

se no azul de azulejos flagrar-se, perto, a
mancha solar do amarelo a confeccionar
pele, os espelhos incitam meninas ao fogo
sob as sombras guardadas pelas cortinas.

sem o violar ritual da madeira; as listras que
incandescem vermelhas; calor branco tecido
sob a saia e entre as pernas; há facas, ângulos,
as costas, esteira: como um violão arranca os

cabelos, dentes no tecido, pose triangular. na
comodidade de decantador, a cor fermentada;
a borra na cristaleira. *eu olho*. diz a mulher com
cesto de frutas. sopra a lâmpada, uma piscadela.

a farmácia portátil do dr. chernovitz

supor numa caixa a saúde, papel e vidro em-
butidos em madeira [a maleta-escrivaninha
era antes; depois, *air de paris*]; frascos de un-
guento, gotas de guarda, miolos de homem

e animaes, região encephalica; puncção nos
olhos, e contra-puncção: se luiz napoleão, de
łuków, misterioso doutor de capa preta, nos
diz *vesicatórios* e *cáusticos*, que ninguém se meta.

hypodermico, e nutrido em corpos opacos, o
filho antifúngico de pasteur para nos trópicos,
pensa feridas, *sagesse* sanitária dum compêndio
guia médico, vertendo cataplasma em antipático.

al-shaar

tantos colecionam coisas palatinas,
eu coleciono ruínas; tantas pedras
explodidas das paredes, carros aos
cacos, acidentes mortais em casa e

em suas chapas, faróis, para-choques.
sento-me entre as chagas de tecidos
estuprados, o chão, boca de fissura e
pó, janelas cegas de vidro macerado.

a paz, que bebo solitário na taça de
vinho em lâmina aberta, sem um de
seus lados: lábios a um átimo de fel,
de ferida, e um telefone que fala só.

ciência nova

se expande um pouco; no ventre da colheita —
não colheita, nem ventre, nem se, rediviva,
a alegre granulação dos frutos; sua casca, mas
proverbial, luta sobre abrolhos contumazes

[regra de invasão: microscópica], desdobra
a farsa dourada do irmão celeste, leonino,
feroz nas mãos preciosas de luz: um avanço
cerca de olhos vívidos a sombra, e patas

industriosas revolvem suas entranhas sagradas.
mana, branco, o passado transparente em
peitos súbitos de umidade pleno-macia, um
livro de lábios, sabedoria de mucosas ativas —

tentam, história, mover o ar como válvulas,
avolumam-se as cores inchando, espera de
aperto — cruzada de ermos onde, desolada,
se abate a linha com sonhos, turva, gemendo.

o zelador no telhado

o pintor lá estava e o maço de cigarros,
o zelador no telhado. um momento de
amplitude, longe do quarto encerrado, a
portaria: o vidro a campainha o resolver

apressado. o zelador no telhado: o vento,
seco neste azul contaminado [celeste no
entanto], nuvens que pedem este sonho
acordado; nuvens, de cigarro. o zelador

no telhado. senta-se distante, e se sente
constelado: há um avião prateado, brilha
radiante ao sol e se perde, passado. e em
poucos minutos, de zelador no telhado, o

alheio ruído quase se cala; esforçado, um
traço no fim do sem fim de prédios ensaia
fazer o horizonte: tudo isso nota o zelador
no telhado. apaga o cigarro, torna esperado.

ar maravilhoso em fevereiro

ar maravilhoso em fevereiro incha
o ventre das cortinas, dissemina,
leve, o seu frescor: antes tremia o
horizonte de vidro, concreto, metal,

abalado com olhos cerrados e suor;
carícia de sol moreno em areias no
mar, o fluir, refluir infinito; carícia
do alento de horas seguidas à chuva

agora refresca o meu braço junto à
janela; canção de guitarra, os acordes
úmidos, tremula em brisa de cerdas:
amigos, estrada, vitrôs abertos, verde.

pensar de pluma

a ironia trouxe-me uma pena de madeira, viva em
sua penugem marchetada, dura como as palavras
que a música dos dias deste mundo me ensinou; o
vexilo na ponta sem tinta mergulhava como a gota

numa página imaginária, ou no chapéu lunático do
velho hamlet, escuro como a noite enfeitada de um
brilho fátuo de fantasma, um duplo cadavérico da
vida sem propósito. e a pena comentava, madeira

perfumada no seu verso, mas sem truque aos olhos,
que o verso [eu diria?] de janus lhe importunava com
sua sombra tagarela, que deus escondia seu rosto de
verdade sob as águas velozes e escuras, e que a noite

nos banha em seu licor de trevas porque, enfim, tudo
é nada, e este mar não acolhe aqueles que não sabem
nadar também de costas; sra. mundo, talvez seja a hora,
a que sua beleza nos deixe, putrefata, ao osso, à cobra?

receita simples para o bem-viver

transformar-se numa distração de domingo: os
outros dias, como toda a gente faz, suportam-se
insuportáveis; e até domingo entardece amargo,
aquele fedor acre das segundas-feiras automáticas,

pé ante pé dos espremidos no metrô, dos gritos de
pressa e resultado no trabalho: escravo, que pensa
você da vida, sem tempo de pensar? o mundo diz:
[segue quieto, de cabeça baixa, conta o sucesso em

cifras na tua conta: compra e cala, e torce por um
bom sono sob o silêncio das telhas descoradas]; a
roupa, deixe separada de véspera, pronta e passada:
é estar preparado para tudo, mas habituado ao nada.

cavalo negro atravessa

o vento em cascas de batata se desfazendo
por solidão sem cores e dura necessidade,
como ramos crescendo entre as falhas do
piso velho que range: as costas, os ossos,

a espinha como espinhos. a mão produz a
casca já não raiz, já nem batata, um bater
de dores na janela com o vento rítmico, o
vento metálico de inverno com espinhos.

e uma trança se desata sibilando no escuro
contra as rugas da parede bem curada, um
queijo rude e saboroso, espessa pedra de
queijo curado, e os olhos contraídos que o

espelho nos diz [quero beleza]; esperar um
gesto de surpresa agora novo, a mágica de
dentro da poeira soprada ou erguida pelas
mãos que fazem nuvens num tecido branco.

sexo e paisagens

por uma fresta luminosa na porta
seus dedos como chaves se movem
metálicos, coelhos negros fumam
no terraço de tijolos expostos, com

os antigos arranha-céus ao fundo.
pomos o amor na caixa errada uma
outra vez, e ele é enviado para as
mais obscuras memórias, lacrado,

e com um belo laço de presente.

hotéis

trotavam lá os cavalos, na grama do granada,
luxo logo após o paraíso da piscina, gramado
em que raspavam as patas; larga piscina funda,
os degraus de concha, mas no chão, não numa

cobertura que olhe um cristo distante, assim de
braços abertos, onde franceses combinam uma
visita ao vidigal, à rocinha ou a destino igual, por
miséria alheia; nem sobrado de tijolo aparente e

quieto de lazer, longe do *punting* no cam, mas vivo
de som no piso de madeira do XVIII, como o da
velha cidade do ouro velho já escuro das igrejas,
que o quinto império trouxe às colinas para minas

imitar além do atlântico [ideia do empório esperto
da família mediceia, que lembra o perfume cedrino
da pequena via por santa maria, com quarto sobre
o *porcellino*, moeda na fonte, o desejo e um focinho].

a uma poeta finlandesa

sua língua me é estranha e difícil,
você vive em país de aurora boreal,
país já nem tão quieto, sem notícia,
cheio de frio e de cores tão vivas,

conforto além da imaginação para
alguém de onde venho — meu país
noticioso, quente, súbito e de dúbia
civilidade. temos muitas cores, mas

não tão intensas, não tão estudadas.
a língua por certo não me é estranha,
a não ser quando o que sinto [com
tanta frequência] o é. você escreve

poemas. eu também. os seus têm a
medida tão exata e tão curta quanto
a de um cesto de fruta. os meus se
perdem num mar de problemas que,

veja só, eventualmente esbarram com
seu navio no mar báltico, podem ir à
terra com tantos rastros de salsugem
e provar uma tâmara das suas letras.

guerra cultural

na cabeça dos godos [diz cesareia], estátuas de mármore:
o fauno adormecido nem acorda eclodindo projétil nos
chifres do elmo. *endormi*, diz bouchardon ao copiá-lo res-
taurado para antes de ser gliptobomba, ou o que sabemos:

um item novo no que asnos chamam [guerra cultural]? o
fauno voador do mausoléu de adriano entraria enfim na
testa dura dos godos da barbárie. entraria após, com seu
pênis, na doce porcelana em nymphenburg, sem ironia,

[nymphenburg]. o corpo antes grego, que copiam romanos
e redescobre barberini, segue após aos alemães, virtude de
mostruário, raça superior, ignorando o fato de que o fauno,
enfim, não é humano, e a estátua tinha mira nos seus cornos.

considere

relógios são o presente, cirurgias, necessárias.
a lei quer ser contra um distúrbio no ambiente,
mas não vinga. lebres procriam muito, crédito
não é um fato; estradas levam e trazem, tudo

distante não sabemos se é raro. as meias sobem
até metade da canela, mas a seda negra cobre as
coxas das mulheres; algumas decidem vestir as
gargantilhas de veludo; sexo é bom com muita

aderência, umidade, gemidos, olhos semicerrados.
a indiferença se lê no tom descompromissado; a
empatia permite compaixão. é ruim vestir camisa
pelo lado errado; a rima enfastiou a sociedade, toda

poesia é fruto da verdade. pessoas caem das janelas;
as janelas foram feitas para olhar e para fazer com
que circule o ar; gripe, dizem, se pega com o vento
frio. olhe em volta, considere, o quarto está vazio.

baby berserk

o amor é sempre uma canção solitária
seus cachos sorrisos os olhos brilhantes
dores nervosas maquiagem octogenária
o templo de ódio shirley jane distantes

oh the good ship lollipop em sua culinária
mulher ouro rosa calúnia de diamantes
o mundo material não precisa de pária
atriz menina velha voz dessemelhante

a cadeira de rodas em escadas rolantes
unhas mais longas que sua faixa etária
gravata borboleta de homens de estante
é hora de lhes mostrar a arcada dentária

terror sagrado

todas as palavras juntas em qualquer ordem imaginável
não reconstruirão o cosmos; a mão trêmula de abraão;
mitra ordena a suas estrelas desfazer o touro; um naco
de pedra vem inscrito dez vezes com raios, terror sagrado.

membros da família rastejam buscando a carne do irmão;
com tanto sangue na boca o assassino sufoca após ter
matado a todos; o carro desgovernado para somente em
pedaços contra o muro; o tirano cai fatiado nas entranhas

por outro tirano; é um ruído que encontram atrás do muro,
é um sinal que se emite pelo cristal líquido, é a radiação
de encontro ao ouvido, um sussurro; são as ondas que
oferecem o inimigo sobre o altar, uma injeção no cérebro,

o que faz gozar. as falas comprimidas em grunhidos de
parte a parte, criaturas se esgueiram revivendo das sombras
dos séculos; pedem sangue; pedem sanha; pedem surtos;
zeus esmaga raios com os dedos; os filhos, devora saturno.

emblema transparente

se uma invenção de pavões brancos e de
cerejeiras chinesas se idoliza: de caminho
longo, o traçado em neve, arbusto albino
que recolhe o vento deste dia logo após

a china renascer com a máscara do javali; a
sintaxe, que de espuma o pássaro de metal
se achasse entre o ruído à volta [não se lhe
vierem à caça por tédio em inverno estéril]:

mão em meio à neve, e voz de acento leve e
vívido, céu sem sombra, azul sem perímetro,
crista erguida numa onda ou sobre um bico,
vulto vivo de neve que acaricia o claro nada.

jargão de pia e barril [i]

a torneira da cozinha fala, ela é eloquente,
escande seu discurso em corte exato, já não
diria *seco*, mas conciso, pontuado de estilo
queixoso e insistente, recortado como um

uivo distante desses cães que não se cansam,
e a voz como que flutua; sim [flutua] mas
não ao navegar, boiar ou mesmo deslizar a
estatura de seu verbo numa página espraiada,

não: um glóbulo mergulha num gole, algo que
golpeia a superfície sem feri-la, troca mágoas
levemente, o abraço rápido se fende e envolve,
sucinto de soluço, o ardor fluido que lagrima.

jargão de pia e barril [ii]

fala também a água de fogo, chamam cachaça,
que banha a carne do cachaço de doçura: eis
a chama de sua língua ardente, escuma da cana
fervente como céu de nuvens que se dissipam

por clareza, translúcido líquido dessa prata veloz
do álcool, ou da caixa sonora do carvalho velho,
senhor ouro que tinge sua voz de saibro; sério, o
cenho de seu matiz, mas doce fermento de força

muscular escondida na senzala de onde tentam-na,
nova nobre mentida, mas rememorada em insultos
de reduzir pobre e pinguço, cachaceiro e nordestino,
travo de trabalhador: seu indomável elogio, cachaça.

la bête,
ou titânia, 1794

cobre você o animal tristonho, em pelo:
veio da escuridão úmida dos sonhos, e
quente, acordado em força de natureza
[pois animal e quente], irreconciliável na

felicidade postural de manhã ainda, e já
desperto e já despido, você o abraça, mas
ternamente [sem o sibilar sutil de roupa
saindo ao corpo], acarinha perto e pronta,

sem a mesma força. essa civilização não o
devolve ao verde, nem aos apegos de sua
vontade: o disciplina em gesto, o modula
no amorável metafísico, corpo a pouco e

pouco. há passos a tudo, psicologia, nomes
abstratos: o animal se curva, se compõe, e
imita silêncio sem impostura, proximidade
mansa das pontas de dedos, mente escura.

animais de floresta

pálida magreza, mas cabelos negros, mas
seios onde o leite doce em ponta túmida
lhe dava prazer estranho-novo, natureza
indefesa a filho ou foda, olhos fechados.

e sardas e sorriso sempre, cintura fina de
fada. aberta aos poucos na cama, flor de
amaranto na xícara a beber. entre pernas,
pelos, pelos fortes de saúde sexual, altas

nádegas se inclinam numa oferta ritual. a
boca encontra a fonte, de joelhos, e colhe.
cóccix contra virilha, mãos na cervical. o
sussurro engasga o leite; seu aroma animal.

duas carniças

coisas mortas, sons de moscas: bons
rezam quietos, o medo do sorriso de
quem não teme. a noite é fecunda sob
o sol da mente, onde se concebem os

deuses. prefiro o seu corpo, e a morte,
à obediência. palavras são doce difícil a
extrair dos lábios pronto, trêmulo, tão
sincero como os seios saídos da roupa.

cultura cafeeira

entendo a roça, risco eterno nos montes verdes,
eu registro as casas, brancas com a mancha de
terra vermelha junto ao pé da soleira, e eu já até
suponho [olhos fechados] a quietude distante

desse silêncio vivo de velha gravura; serras se
desdobram na paisagem, elas permanecem, por
inscritas mesmo em chapas de cobre alemãs,
holandesas, francesas, gente tangendo uns asnos,

sombras se espreguiçando sob as telhas cozidas,
planeta inteiro de sol e zunido, de amplo perder-
se distante nonada: terra raspada, monte curvado,
vacas moles e cavalos íngremes, *steinmann pinxit*.

petiterra

se propomos a subida, deus era uma flor então,
ou o animal desconhecido: árvores falam, não
em segredo, mas aos seus olhos, com raízes.
alcançar o topo para a conversa fatal? ao invés,

o silêncio nos envolve, e a água para a descida,
mãe dos nossos poros, frescor de filosofia em
jorros, corredeiras, discreto veio de vida. o sim
às sombras, nas veias o vendaval e a neblina. o

homem e a casa ocorrem, sólidos sob silvos de
floresta; a rainha de raios obscuros se ergue uma
vez mais das águas, dá à terra e ao ar seu conselho
de som, e incha o jambo, a beterraba, de vermelho.

magma enigma

magma que tanto devora como preenche, que
dá forma e extingue, um drama, com vários
braços e pernas, e dançam simultaneamente,
o quente que se conforma em rocha, enigma.

gente finita enfim morta e imortal, lavada de
lava; de dentro da rocha humana espiam-se
dentes, só, pedra de cinzas, pó ao pó, em pé
ou de rastos; recumbente, a ambiguidade do

sono que estende a nós, os futuros, o passado
de tudo, todas as batalhas no punho fechado,
nas cócoras o horror, a terra em volta a arder.
e a arte nas mãos, *strophium* nos seios: erupção.

canção de ninar

garoto sem peso, matéria de degredo: memórias comem o tempo do flerte, o pesadelo.
turvo na escada a correr, rosto; risos sabem
o centro de todo o desgosto, pedras e água.

garoto sem peso, pássaros no voo arresto —
restos de folha na asa, eis o segredo; traços
de dor e falha, traços de dente em fronha, o
fato que se pressente, lençol rijo de segredo.

garoto sem peso, ele veio, mas do que veio:
mãe de puro seio, sombras sem devaneio, o
deserto se põe na mão, um sopro que acorda
o vidro. garoto sem peso, de noite, logo cedo.

2016

e se constrói [constrói, cimento] soma
que subtrai árvores e terra, terror das
sombras de planalto, vidro quieto sem
o mármore morto, marca sobre a mata.

a ruína do palácio, sua quietude vazia,
luzes de fantasmas no espaço amplo, e
a coruja que observa o horror debanda.
que mesquinhos aqueles que acham tão

importantes suas farsas de gafanhotos e
maremotos, misericórdia e tragédia, os
gangsters que trotam com seus tanques
este chão que dava planta, e já dá morte.

a polícia montada passa
sob a minha janela

as patas da polícia montada lá fora, que
sob as folhas das árvores estalam como
duas metades de um coco, uma contra
a outra. e dizem que os nativos, ao ver

homens montados, pensaram no que os
gregos chamaram *kentauroi*; deles, sábio,
quíron teria o dom da profecia, ensinou
aquiles; mal, penso, que aquiles preferiu

arrastar o cadáver de hektor e ser flechado
no tornozelo do que se dar a algum saber
sem glória; duvidosa, também, a vã glória
de mandar, matar e morrer; heróis; polícia.

uma garça na praça da república

uma garça, a água imunda, carpas, na
praça da república com guardas num
pequeno coreto; a garça desloca seu
largo passo lento à borda de um dos

lagos. com o pescoço delgado e fino,
como que flutua seu bico longo numa
quieta graça de travessia entre michês,
putas e os eventuais malandros que se

empoleiram no gradil do arco só, na
ponte pênsil sobre os golfos falsos, o
chafariz que espirra, resfriado, ao alto,
o jato d'água esbelto dentre as árvores.

cada flor uma ferida

chapéu de couro ou cocar, auréola de raios do livro
sem autor, mas o deus sol da maligna terra sem mal;
grota de angicos, gruta de cabeças cortadas, onde os
chapéus riem com dentes de fera, e mordem o cano

do fuzil mauser, estrela e costura dos olhos cerrados;
sob a igreja nova, as ruínas do antiestado e a cabeça
arrancada, de loucura e demência e fanatismo, ordens
diretas de cães que andam em cima e cheiram em círculo

os rabos. mas rever junto à margem a forma caminhante
da natureza aberta aos pedidos cantados, com sopro de
fumo, com som enfeitado: cabeças brotam do chão em
olhos abertos de vida, que cada flor nos custa uma ferida.

pedido

perdido, o cão que treme na rua de ruídos;
controle, neste mundo, uma porta de metal
gelado; depósitos são mais acessíveis do que
casas, e casas são vento, são nada sem a fé

de mover montanhas. a fé dos assassinos é
a única disponível, senão a dos ignorantes;
ninguém escolherá a morte, amante avara,
fria, indisponível para o gozo. a porta da vida

tem na morte sua única saída. todos roubam
e quem rouba melhor corre até a morte, mas
no vagão de luxo, no restaurante. a depressão
nos pacifica, o tédio nos relaxa. mais sedativo.

what the devil whispered

emaranhado nos galhos: sol: eu.
quero cair os andares neste sol,
como amigo meu, jovem, certa
vez o fez. triste, o nome mortal

deste breve passeio; o amor nos
quer outro e já não acho outro
nestes bolsos para me oferecer
outro. quero desembarcar antes

do fim como quem sai antes de
acabar uma festa a evitar trânsito.
me agrada a quietude solitária das
madrugadas, me agradam as asas.

plumas de dragão

imperadores do oriente escolhem seus túmulos cedo,
para que as flores se acostumem, pássaros se juntem
e que os deuses tenham tempo de saber se merecerá
morrer transparente como um lago, flutuante como

as ninfeias. a madeira se molha e as portas escurecem
dignamente sob a laca, como os pensamentos; pulso
certeiro quando move a tinta para ser sombra, ou para
desenhar o nome inteiro. move quieto como um lago,

pois se a paisagem é igual a você, é hora de morrer.

episódio cínico

a distração do cigarro disciplina indicador, anular,
polegar a como se uma véspera sutil, esguia, nos
guiasse àquele sonho que nem mesmo ela tem nas
pontas dos dedos charmosos, entrelaçados aos que

nós mantemos avaros, fatigados com determinação,
o cálculo incompleto. te digo, fantasia, espírito leve
do ar [olhos verdes da esperança], vai a algum outro
lugar: o tecido negro com perfume de flores mortas

me desperta, a pele antiga, o mármore rendido na
luta mais formosa, e a estátua infértil da fertilidade.
elegância, uma fumaça; amor, cortina sobre a noite:
toda espera é um silêncio, e o silêncio, eternidade.

miserere nobis

o copo partido sob uma fumaça de desespero,
as notas se abandonam confusas num prato, o
troco, ignorado. fora, a noite se condensa grave,
se adensa em negror assediando os cantos cris-

pados dos olhos. as ruas arrasam os ouvidos e
trituram os tímpanos, jovens passam rindo e a
maquiagem cruel de um rosto vem desmanchar,
descendo a face como raízes hirtas, na escuridão

dos pesadelos. o corpo resvala no ar pesado, se
desengana ele próprio, diagnóstico do fim: nada
aquieta, alcoólico, esta implosão de nervos com
mãos duras como garras, ceifando a garganta seca.

mas querer sair de si, sentindo os pés fincados no
cimento insensível do pavimento, com pavor das
horas adiante, pois incapaz da doçura de esquecer,
no infortúnio, horas felizes. fração de si, e insone.

canção do maquinista-pintor

a noite havia sido uma sombra de silêncio
sobre os postes de eletricidade; uma sobra
de passado com encanto e ardor, um gamo
alerta em meio a um caminho desguardado.

escuro catálogo de carnes no mercado, um
retrato de militares como o trio religioso: o
pai, o filho, o espírito alado; as cores mudas,
lugar mudo a toda luz. os passos ocres sob o

grave violoncelo; a noite, uma noite escura
de coração e sangue venoso, espesso pincel
de trilhas de trens negros, floresta de quintal:
quem assombrava meu quarto, as folhas das

plantas amplas, o mover do vento ao fim das
flores? a noite se anunciava na madeira negra
do espaldar da cama, no paletó negro destes
ombros, tinta negra da vigília: uvas no bornal.

protocolo de atendimento

o corpo se descobre. diminutas ondas e
volutas sob o secador de ar aquecido, as
milhares de árvores poupadas, polpa de
eucalipto entre as suas mãos [morrendo,

a floresta equatorial ao norte], bem-te-vis
cantam perto da janela, água no seu rosto,
buscando clarear o torpor: sonhos com a
translucidez magenta das medusas, águas-

-vivas, dizem. cicatrizes [o conselho de um
espelho], a imagem viva fugidia. o corpo se
descobre, pouco a pouco, o mergulho doce
e incerto, oleoso, nadar no corpo imenso,

hipnótico; penugem hirta, o corpo se recolhe.

posologia

o crime é como um hospital, mas quem
é o culpado? a morte se cansa no fim do
sinuoso caso de horror; cotonetes roçam
a saliva e entre os dedos; exame de dna

nos fios de cabelo. pessoas se entreolham,
péssimo dia para todas [incluindo quem
só está trabalhando]. boas notícias, poucas,
moderam o monte de mínimos incidentes

das células, desreguladores endócrinos, e
fraldas geriátricas, o câncer, membros amputados, conservante mercúrio, enxaquecas
quietas na hipodérmica *anti*. as armas nunca

eficazes ou limpas, as brigas deixam trilha
no corpo e no espaço, tremenda sujeira e
bem diversa dos filmes: é feia. polícia porém
pega pouco culpado. prisões são para resfriado.

clichês de um convalescente

[minerais duram. mover-se espalhando a mancha:
move-se isso em vida, congela-se em foto, durante.
o sol cutuca o seu ombro lembrando um relógio,
antigo, ele mesmo, o sr. sol de frutos vibrantes.

usar força e vigor no máximo, velas bruxuleiam,
que sejam velas e derretam cera, a rígida moleza.
certezas calcificam mal, e a água empedra a areia,
que amolece, granula e se desfaz, sopro ou vento.

deuses sorrindo em mármore, deuses polidos
da falsa brancura ancestral de engolir as cores
no vazio da eternidade: eles sorriem imóveis.
a pequena ferida faz de nós gemidos, filoctetes.

nenhum assombro: o sopro divino tem sua data
de vencimento, conferir na embalagem. sofrimento,
sede, as lutas contra tempestades de areia neste —
dizemos — deserto; e dunas, de fato, são nádegas].

abscessos

algumas pessoas, por medo de perder realidade,
fazem outras pessoas: espécie; museu de história
natural [ou, catálogo físico do mistério]. o que eu,
às 4 da manhã, acossado por medo também, terei

feito? céu sombrio se aliena na faixa fina de porta
entreaberta, o metal do parapeito da varanda, aos
poucos, rarefeito, se desenha borrado no contraste
de luz. sussurros antigos de mortos em filme velho.

nossa prontidão, cômica e perdida. agora os rumores
rugem leões, o slogan se vinga das pérolas defuntas
de sabedoria [pérola, inflamação dura de corpo mole,
o molusco da boca faz sua obra de pus] e cospe medo.

o grande silêncio

o grande silêncio se instala — *e eis a sua morte*;
sequer um piano solene de filme, catarse; nós,
nunca: o que se sabe é vastidão diante; dentro,
não. grande silêncio, sequer o amor se permite

entrar; sideral, a morte, puro vazio onde põem
todos os medos, retirada particularmente dura,
difícil: sêneca: aprender a morrer. aprende-se na
visão, escuridão, do vácuo negro entre estrelas;

grande, esmagador silêncio; você rezará por uma
sirene, choro de bebê, ruídos de telefonia, rumor
de vizinhança em prédio enorme. a inconsciência,
o enfim sós, ou fim do medo, o amor já não dói,

divino morrer. talvez a memória devolva sua mãe
primeiro pousando-lhe no colo, e o sentir que se é
aceito, apertar a mão de uma garota a primeira vez,
rumor espinho-no-peito e "eis a dor, prazer": quem

poderá inventar tamanha solidão, que espaço dará
tamanho frio, tamanha distância de tudo, sugada a
vida dentro desse aspirador [poeira]: quem? pedir o
nada, pediremos, sem mais truques. grande silêncio.

linha de desmontagem

a conversa começa em outro lugar, sonho
minha voz finalmente alheia, sem sentido,
baça. pedia, se pudesse, que as mãos agora
me dessem a imagem, pronta após o labor.

ouço a conversa distante, os sorrisos, a vida:
começo a estornar tudo o que consumi de
mim mesmo; os outros, esquecidos de tudo,
retomam o dia sob a luz. escolho sem vacilar

os recessos apagados, as grutas, o bunker. e
atravesso os objetos, imaterial, não mais me
movo a dizer a. brandos conselhos desatados
evolam-se, fraturas grampeiam-se: holograma.

espetáculo de ti diante de reis

ezekiel desperta. abutres abrigados em ternos
escuros, caros, e ninhos desfeitos na cabeça.
observam asas no céu entre as nuvens e jorra
sangue preto do chão em bocas ávidas, vultos.

braço estendido, longo maligno, projétil. e se
curvam multidões: uma fenda voraz cava até
o firmamento. uniformes apertam pescoço e
peito, poucas palavras para muito efeito [não

a voz: o vazio]. os olhos doentes do chefe, a
doença do estado: súbito, o chão não é sólido,
os sentidos, ludibriados, e pássaros caem aos
bandos. doente, o azul; os rios envenenam os

peixes. uma torre erguida no centro da nova
cidade, paredes de ouro. o alvo na cabeça da
narceja; trato intestinal como sob micro-ondas;
crianças acordam no escuro, ganindo na igreja.

a mão e a valise

me chame princípio, sob o chapéu: a cabeça brilhante,
o guarda-chuva, a casa ainda adormece à luz da esquina.
um antes, e um durante: siga-me até o poste, vamos ligar
a lâmpada. a sua espinha, o meu sobretudo, mão e valise,

uma conversa de mudos. pálpebras, manhã a descoberto,
faremos as contas no dia secreto. chuva no asfalto, plantas
espremem suas cores no muro; cada um carrega [arquivo],
seu peso, um agente detrás das cortinas, sua voz de rapina.

não, meu nome não é inimigo, já me costuro a seus pés. e o
plano tem garras, a torre tem guardas. a folha se assina, tinta
no ar, pensamento — palavra retida no couro coríntio e viva
no vento. fecho o segredo, aguarde o sinal vermelho, gengiva.

estranho & nobre
[primeira tempestade]

as têmporas com asas neste mar de tábuas,
de relógios inúteis desfazendo-se no muro,
arrastados [náufrago, que sons te assustam
a bordo deste pesadelo no tombadilho, tens

pressa no pulso, aorta, jugular: inflam teu
sangue, espetam tua crina no imenso tapete
móvel de sereias e nereidas; são ondas, jato
de água salobra, brandindo o brasão negro

do abismo: olha para dentro, homem do mar,
consulta o terror ao timão, estende tua mão
ao cordame, gargalha da tua nudez solitária
no espaço vazio de espuma incógnita e céu].

ninfas tangem o seu dobre
[segunda tempestade]

hamnet tinha um par de asas ao saltar florido,
em cantar comigo a inversão aérea de pai e filho
em mar amargo, mas não esquecido, onde coral
em coro se ajustava; como um par de asas, sopro

do jardim antigo [se da memória ou da amnésia]
soprava vivo, de seus ossos e de seus sorrisos, os
olhos perolados desse sonho de naufrágio, desse
vencer todo perdido, minha custódia de seus sinos.

uma bruxa

entre janela e cortina, através, flutua escura contra,
uma visita, à madrugada, de fraqueza e de cansaço;
o pó negro de seu robe abanando quando pede, lá
de fora, lá do frio, convite à entrada. tamborila seu

tecido de leve no vidro [me deixa entrar] a sombra
em ziguezague, voo votivo, ela vai. pano imposto à
lua, que cobre e envenena; longa *ascalapha odorata*, o
verbo invocando, olhos em asas, língua espiralada:

babah babelah baalaoth, aponta alto e baixo, oculta sob
sensível urdidura ajardinada — ouvir a voz ao invés
de ver o vulto: vice-versa. insetos sabem, o tempo é
curto, o som é mudo, o medo: doce [me deixa entrar].

a ordem da lua

a história do cetro tem um presente de relógio
na parede. e eu viajo na boca de um peixe [mãe
lua eu fendi a luz com a lâmina gasta do dia] me
aceita no olho inquieto do coelho, me recolhe na
graça prenhe dos chifres do teu sorriso: sinto as
três faces de som nos ouvidos, restauro teu trono
        de prata contra os impérios.

hekurap

imersa em inscrições [mergulho], me
povoa o rio. a superfície do meu deus
me inscreve em seu corpo, se enruga.
as faces da chuva recolorem o céu, e

as árvores celebram-me em flechas de
plumas na pista dos troncos, estômago
do céu: *xipiri* no topo, fruto de *omama*
na terra-floresta de espelhos, cabeças de

macacos-aranha. furam-me de pontas os
nomes, cortam-nos faixas o rosto sacro
no escuro, bananeira-selvagem. seu pênis
em ponta, e sempre no alto: luzes são asas.

holzweibel

era o perfume antigo sobre a pele experiente,
onde oriente e metal se combinavam à seda
multicor da camisola transparente; a luxúria
leve como o silêncio suspira um alfabeto de

prazer, um leque sob a lua. muito passado se
agita de vaga melancolia, mesmo a da delícia
de achar-se submersa em leito de entrecortado
arquejo, da longa floração já nem sonhada, de

vigorosa fricção, e do aroma oleoso em frasco
mínimo. encantos na raiz da garganta, onde o
tremor agita contas peroladas: opalescente, sua
neblina toma até os olhos, trêmulos, flutuantes.

heimatlos

quando onde se remonta em dentro, desde
nunca houve nem haverá cinco pontas que
perfaçam *lar*: alocando a ponta dos pés e de
chifre nas mãos ele canta e bebe, ele move

-se de onde para, indefinido: prata, pedra
ou bronze; erra, para lograr, e se perde no
tempo como no caminho sem nome; sua
casa, um pouso, se encontra perdido, sorri;

chora e a luz é a lua, suave azul sibilante das
madrugadas, seda prateada sobre os ombros
invisível. joão sem-terra em toda parte, tersa
estirpe, seus os que brilham quando brigam.

o pária, expulso, bandeiras rubras e longas
canas dos que as cortam, empunhadas, não
são armas. errante o que conhece o mundo
com seus passos: certeiro trânsito, o espaço.

freedom is slavery

ordem, chicote da ciência, esforço de antes
e depois, grade onde fritar crimes, grade de
quadricular os olhos. onde perfeito [círculo],
indesejável harmonia, os astros com vozes:

ordem mantém sedado, clínico, o corpo; e a
mente, infecta. ciência, um desenhar contorno,
cercado de convenção, fala breve de simpósio.
o fastio do relógio — intelecto — corrige fato

incrível em estatística, rompe a seção áurea em
miopia. progresso de fileiras [quando ordem],
ro[e]tina obediente, costas curvas que a parábola
edifica genuflexa, pois liberdade é escravidão.

duna

o deserto não é uma parábola, ele não é quente,
ele não é frio [ele não é]. os oásis só comentam
fantasias [veloz ilusionista], mas deles ninguém
espera nada. as temperaturas derretem asfalto,

derretem plástico, o homem derretido em ouro,
câncer e armas. o deserto nos deserta; irônico, o
deserto falta onde está, sopra areia nos olhos, se
duplica em dunas e danos, em sol e suor, tremula

como uma bandeira, sem país senão o horizonte,
sem caminhos senão a distância. há dores que não
se veem em sua vastidão, há um mar imóvel em
sua pele pulverizada de curvas doces, e abandono.

os reis vermelhos

os reis vermelhos dançam suas caveiras no céu da austrália,
devorada paisagem de marte, seu céu de sangue e mostarda,
abismal. os reis vermelhos têm o mundo hoje em seus dentes,
coroas com pontas estelares, amarelo de bile, ácido acidente.

os reis vermelhos orbitam a sua mente se, ao dissolver tudo
no palato triturante, digerem um negror de dália iminente,
nigredo sob o sol, putrefação saltando nas pernas saturninas
de vida renovada, pesadelo original, lá onde o pecado ainda

não perturba um jardim verde, nem o meio do verão. os reis
vermelhos lembram sua morte urgente, o sol que explode a
energia da aniquilação a distância crescente, e os íons ganham
incentivo eletrificado do chão. pútrida, a vida volta em vermes.

as forjas da indústria

contemplo o serrote, o martelo, o alicate. o que
corta, o que bate, o que agarra: neste mundo há
coisas más, há amarras. mas o metal indiferente
se forja contra a seiva cavando massa sob o solo,

língua que não dominamos, força desses dínamos,
quieta como numa crosta: a sóbria coisa calada, o
osso do dia mecânico e sério sem nós, organismos.
contemplo o serrilhado indócil, e o peso da cabeça

do martelo, sua crina forcada, a ranhura áspera da
boca sem saliva, mas dentada, do alicate tenaz, sua
torquês de tortura. perecível, a pele mesma do mais
cruel sob o lacônico gesto do metal: a dor, o cruor.

o deus da biomecânica

a fórmula química do silicone de 62 expressões
na farsa mímica da dolorosa cidadã silício, que
sugere que haja menos humanos neste três vezes
triste mundo orgânico, quando o século dezoito

do horror econômico se enamora dos anos 1940,
gasto em bicicleta ergométrica, mais bela que vênus,
a que milo nos deixou já amputada de seus braços,
baça de seus olhos, fantasma de sua pele pura pedra.

questionam-se de lágrimas na chuva, mas não como
secreção de lipídios lúcida, cloreto de sódio insensível —
são as máquinas que matam, são nuvens escuras sobre
o abismo se movendo, blake, as mandíbulas de titânio.

miniaturas

agora, a mímica minúscula em caixas
do que [disseram] fora a vida: caixas
onde usam a janela para a lembrança
de lá, onde quer que fosse que não

aqui; e aqui, pequena caixa de botões,
singela colcha de retalhos: diderot no
teatro que enfim imitava a caixa triste
que encaixota aventura em adultério,

emoliente das ásperas quatro paredes,
com portas que se abrem, de novela,
a sedentários decadentes cujas pernas
de repente já não levam a lugar algum.

pelo vidro se vê que ela serve dois pratos

pelo vidro se vê que ela serve dois pratos
a dois rapazes distraídos; o vidro em casa
se parte e uma lâmina lembra a guilhotina
antes de escorrer pela esquadrilha e cair à

rua, arrasando-se: amostra de medo: tudo
se turva: o vazio é inviável, fraturado, um
tipo de ferida ou defeito; os pratos, pilhas
no apartamento em frente e sem ninguém

mais. pele que derrete e se resolve em um
sereno, cortina de neblina, e se atravessa a
fina folha de nada misticamente, rosto todo
molhado, ou quase não: destruído, triturado.

aux âmes sensibles

que o incômodo amor ainda outra vez
turvasse a quietude desta vida, afinal; e,
assim, a sra. dembowski negou o amor
para tanta lauda dinamizar-se num cristal:

confins de um quarto, os quatro metros
quadrados, e meu corpo quieto em sofá-
cama nota, pela fresta da janela, as luzes
da distância. interrogações [que agora eu

esqueço] se imprimem nestas areias, e a
onda que as apaga é a mesma que as leva
mais profundo, que as encanta de som, de
onde amor [oceano] ouvirá mesmo surdo.

prenhe de sonhos

a incompreensível, a cidade se molha de crepúsculo,
trivial fim de tarde, mas entre os prédios arroxeados,
rosados: azul da prússia. de distância e linhas se pode
mesmo fazer cartão postal; do chão, frugal: plenilúnio

com bosta, com palmas abertas imundas, com essa
embalagem de plástico. deuses sorriem porque pedra
e pedra impenetrável, impassível de população feroz
que lhes parte os dedos, pinta o rosto, mija no manto.

quem sonha está dormindo: manchas nos muros, glifos
de ritos laicos, tatuagem na pedra insone, paredes com
dentes quebrados, faltando, dentes negros de cárie e de
crostas; animais com ângulos retos, pontudos, rasgando

a placenta e tombando sobre a guia no asfalto, mugem.

juízo

em minha defesa, honestamente digo, não
tive poder algum: o processo, encomenda,
e a sentença, pronta antes do início. a sala
branca e insípida não me incomodava, me

incomodava apenas ter de lembrar o jargão
a repetir nas audiências. minha esposa dava
o nó da gravata e os diplomas me deram os
que me comandaram. as promessas ótimas

a este estúpido foram largas: tirar-me deste
país e dinheiro, fama talvez, se fotografam o
meu queixo com a câmera baixa e se revistas
e jornais forem cúmplices. de resto era calar,

e nas sombras oferecer o teatro de acusador,
juiz e carrasco. talvez tenha perdido a medida,
e a atenção me fez [creio] sonhar; mas todos
um dia despertam. despertei longe, e sorrindo.

arte de civil decoro

as regras do gesto absorvem no ato um caráter
completo, um estudo da certeza cumprimenta
a atenção [e seu detalhe], que por engenho se
amplifica, certo de que um ponto contém toda

a arte; vida, vívido código de inscrição complexa,
o tecido persa, o divã formado antes cuidando de
uma só palavra, a tela de papel-de-arroz suspensa
de signo; até que, podada a impostura, o compõe.

liberalidade

graça, e um rosto mal maquiado represa lágrimas:
luz divina, ou favor, ou delicadamente o seu nome.
o traseiro do cavalo selado diante do recosto, sua
cabeça se projeta junto; a importância da seda reluz

em folhas perto do peito; do decantador o fluido se
desvencilha fácil sobre o cristal, ao ar [digamos] livre.
grito de papel preso entre peles, chancelado em cera,
assinado em serifas de tinta chinesa [louça da china],

fascínio: erguido para o seu prazer manual nesta noite
[um virginal]. a caça corre pelas paredes agradável, e já
vem no prato, ou no prego oleosa; comissão de mapas,
médicos: e a mão invisível libera o poder, o constipado.

nêmesis

no alto riem-se as aves, e como poderiam não rir se
tudo é atroz, menos a distância providencial das asas?
o riso é próprio do homem, disse o grande filósofo, sob
as gargalhadas dos chimpanzés no jardim zoológico.

as gaivotas chegam rindo a roma: é mais fácil roubar
os ladrões que são os homens do que pescar a fluida
presa marinha. riem as sombras, que nelas se sonha a
fonte do mal, e assim a mão se torna monstro contra

a luz. as crianças riem imitando sirenes, as da polícia,
as da ambulância, rir de matar, morrer de rir; e risível,
a pose engravatada da impostura, e não rimos da cena
de porteiro ou coveiro, rimos o riso votivo de nêmesis:

o cenho risonho da pedra grossa que a escrita entrosa,
não escama de cobra [a quem não custa viver sinuosa,
sibilante], faca e suas fendas, o martelo, e o cinzel que
calca o calcário e nos diz, futuros, do passado inseguro.

assurbanipal e o alimento da vida

e em nínive seus livros eram pedra, a
palavra, uma ferida; quantos cortes —
uma sentença. livros que se quebram
nas noites de luz dos incêndios, e nas

noites dos dilúvios, líquidas: submerso,
o discurso toma o leão pela gola de sua
juba, rei contra rei, o relevo; e no fio da
mente, o estilo cortante, sem chamar-se

por nome. deuses criaram-se dentro, e
luz-de-pedra e vivas-imagens e mortas-
imagens, na voz: adapa partindo as asas
do vento do sul, adapa já morto, imortal.

cydonia mensæ

o primeiro reconhecimento: um rosto, sempre.
nós somos nós mesmos [sêmen e semelhança],
retratos ajudam, a óleo, em gelatina e papel fotos
-sensível; da superfície vermelha, planeta sangue,

o rosto seráfico emoldurado de *nemés*; *quetzalcóatl*;
pontas de pirâmides girando douradas, relógio de
sol, cinturão de órion: o peitoral do vento sopra, o
pneuma solidifica, *insight* registra uma canção erguida

de assovios no escuro, solidão de desfazer e refazer
um punhado de areia [vou te mostrar o medo em],
planícies ecoam o grito lunar do astronauta cortado
da gravação: *metal, estão aqui, o que é*, ponto de inter-

rogação. a máquina testemunha um deus, o homem
retorna do vácuo uma criança, obcecar com a palavra
padrão. a máquina engasga metal retorcido: *eikon*, nos
disse platão, e a civilização submersa semeia galáxias.

cromosfera

de que se queixa o fogo no seu rosto, o riso
-fogo nas suas faces, de transfixar a coroa,
em seu espírito-sopro, erguendo as chamas?
chamando ardor, um coletivo e apenas um,

queimando seus cílios nas barbas febris, de
autoimolação laranja-incandescente, ácido
sequestro de si mesmo em senha, onde fogo
físsil faísca, filho de um olho sempre aberto,

sisuda ave de asas flamejantes, a fênix sem
fim, enforcada de juba solar, rugido quieto
no peito como coração sagrado, se queima
a dor de espinhos, se expia a terra ardendo.

e da casa escura o incêndio traz o demônio,
olhos fulminam a flor nascida mágica entre
chifres; bois sagrados do carro lento sobre
o firmamento; a cara luz, e a luz que bica o

fígado, que queima a córnea, que acende um
olho escuro sob os ossos claros da escuridão:
se vêm do alto, ou vêm do chão, seus nomes
cantam por seu turno cada qual uma canção.

mezzotinta

uma vela na mão, sua luz cremosa sobre as sombras;
ruas de silêncio denso, em frio escuro, interior sólido
como o de uma rocha, onde nem mesmo o segredo
apodrece. os olhos curiosos, mas displicentes, forja

de cinismo nas curvas dolorosas da ironia no sorriso.
livros de irônica impotência, estantes diante de seu
bibliotecário cego, pássaros em gaiolas, céu político.
arrepender-se da faísca ao desdobrar o novelo deste

útero: choro. útil silêncio, ironia o sol ser, e não estar;
hábil tio de brincadeiras, mágico de festa infantil com
seus balões, rotação e translação. murmura ao meio
de si a lua no rito irônico da prata, cinzas de segundos.

gabinete de curiosidades

eles precisavam, era dinheiro: à base do branco,
os negros do aperto de mão colorido, a música
escura de cordas quase soltas que agora mesmo
ressoam na mente um sol preguiçoso, à vista de

verdor. se europa se cansa, permite à velhice o
natural envelhecer; se não, armam-se durezas de
uniforme, postos de controle, câmeras e poses
ferozes sobre empregos que se vão. cor de pele,

paz pusilânime de ficta cultura impoluta, se im-
põem. deus oscila entre os dois testamentos *[bad
cop, good cop]*, o velho truque grego das caretas de
comédia e de tragédia: máscaras alguém põe, al-

guém tira. o quadro na galeria entre ruas mostra o
petit-maître do XVIII; poucos euros e ei-lo em sua
parede, que oportunidade: muçulmanos sentados em
mercado à luz solar da rua, gabinete de curiosidades.

andares altos

a solidão faz mais sentido: mesa de vidro e, talvez,
um telefonema; nuvens variam a passagem da luz
pela janela, cortinas gordas, estalam de leve os anéis
do varão. o poder de fuga, o sentido que se faz, de

prensa: livro de instruções contra acidentes mostra
homem com um garfo em torradeira elétrica, raios
amarelos em descarga; só, ouve a madeira martelada
de alguém que forja a casa, e sinos de hora em hora

em uma igreja, padre que os puxa em cordas. a face
se escurece nos reflexos fortuitos, a faixa ignorada —
lado escuro da lua — na farmácia do banheiro. cerdas
de escova nos dentes, os encanamentos e os cantores

do vão acústico entre os prédios, quadratura indiscreta
e indiferente. os ônibus se esforçam a subir a avenida,
sua voz engrossa; as putas nesta noite em frente à casa
de madeira, uma diz [me deixou por aquela vadiazinha].

a natureza corrosiva da saliva, da porta para fora nada
mais do que uma linha. a rua escura de um negror de
oceano, lá flutuam cores de néon e todo anúncio lumi-
noso: mergulho mãos no bolso, o álcool desce ao osso.

air-conditioning nightmare houses

as condições são incríveis, torres lançam luzes e raios
às nuvens, que escurecem como córregos com lodo, e
os edifícios sufocam as ruas. árvores, poucas, têm suas
folhas acinzentadas de fumaça e da espessa poeira que

invade as narinas da população tossindo. plantas rasteiras
nos canteiros e nas calçadas se encolhem para dentro da
terra, não querendo nada dessa zona, desse pardieiro que
lhes deixaram de bitucas mastigadas e embalagens plásticas.

os mendigos tatuados se deitam à noite sobre as saídas de ar
quente, enquanto condensadores de ar-condicionado chovem
na cabeça dos passantes; frigoríficos, as casas se destacam no
segmento de carne. a chuva expele sangue e um catarro preto.

dhūma

em um quarto branco asséptico aspirar o
verde renovado em visão. e três, sentam-
se bodisattvas adestrados no pranayama,
seus sorrisos lentos crescendo redondos

no rosto, olhos fumegando, assim narinas
sopram fora um brancor condensando em
nuvem densa, que se dissipa. a colcha infla,
xadrez, e o branco levita do preto latejando,

cor de todas as cores, brilho já, e rindo, de
tanto conforto nos sentidos entorpecidos à
nova aventura, vendo o vento revirar os fios
mínimos de cabelo num átimo. a gravidade

cede, e um amor se desdobra muito líquido,
se esculpe em volutas nas colunas antigas, a
vivíssima dança de terracota, corpos fluidos
levitam ligeiro, e veem shiva, shakthi, sāvitri.

sr. barbáro

um poema fere o sr. barbáro na primavera,
no inverno, em qualquer estação; debaixo do
braço, na virilha, na garganta, todos fatais ao
mais rude bufão; que sabe ler, e não sabe ler.

o sr. barbáro pede ajuda de deus quando quer
matar, quando põe pedras na boca para falar,
quando cospe atacando cores e abre um ânus
dentro do crânio; o sr. barbáro caga na bolsa.

soldado, sonha-se o sr. barbáro, e bate muita
continência [o incontinente]; o sr. barbáro é são,
mas é demente. o sr. barbáro tem um esgoto sob
a língua, olhos de estuprador e impotente. não

separa ódio de comoção, ou virtude de covardia:
o sr. barbáro gritava à tv numa poltrona até o dia
em que lhe deram poder. o sr. barbáro parece ter
ratos no rosto. haver vida o fere, é um desgosto.

o jardim de medusa

o antiquário testa seu entorno, o tempo
se cansa e empedra, as batalhas sustadas
povoam pátios; raízes se enfronham na
tapeçaria, gavinhas não tecem mais fruto,

só névoa se evola do estúdio. a madeira
de *lignum vitae* imagina ser rocha, o pulso
pesa de mármore mesmo a leveza de um
ágil mercúrio na ponta dos pés; jardim de

medusa, onde o recordo se esquece, pois
o desejo aquecido se esfria: encanta com
fino o fibroso tecido daquele que tece entre
guerras, em puro abandono, rigor de ruína.

letra de câmbio

dia cinza de chaminés industriais conspirando
para envenenar a paisagem seca, galhos hirtos.
os trens do metrô rangem mau humor em seu
metal contrafeito: a fumaça engrossa fantasmas.

os ladrilhos amplos e claros da estação brilham-
se chocolate branco, e destacam-se no primeiro
dia de frio. as pessoas escurecem no ar poluído,
engasgam ácido digestivo, peptídeas, de roturas

lentas. pessoas líquidas do verão, cloreto de sódio
e ácido úrico, forma quieta agora em casa e tranca
dada na porta, e pisos frios, e cobertas, os passos
explorando a rua exigida, contrafeita, bens imóveis.

o departamento de etiqueta

nunca, demasiado; sobriedade não sobra,
medida, sempre. quem somos nós, quando
gargalhamos sob a mesa, ou pendemos da
braguilha da calça, alegremente? mulheres

ensinavam a grécia em vinho, nudez, sangue,
e nos eua alguém se desculpou por isso: a
polidez lustra botas de soldados e ilustra os
incidentes da noite anterior com o punir-se,

com o chapéu coco dos ingleses, com o dep.
de relações públicas que desenha o elegante
no lugar do bruto, fora da imaginação política
do idiota em cima de um muro em toda parte.

mandíbula

mastigar permanente, o ruminante engrossa
a baba viscosa na massa espessa de sua pasta
pegajosa, embranquecido leite de concreto e
espuma sem pudor, a de maxilar aplicado na

goma rude, por paciência, sob a lentidão das
pedras molares, da dureza acidulada, digestiva
de olhos quase imóveis, cansados do esforço:
decomposição. último mover-se involuntário

de pernas de poleiro não incomodam: morder
como morrer, o vomitar e após morder, mascar
de mascate, montanhas de medo na pastagem. o
jantar servido, moscas pousam na notícia: o ânus.

chelsea manning

só você pode, lucidamente. note os cães
de patas cruzadas: neles se move primeiro
a ponta das orelhas, e a cabeça pondo em
direção olhos e faro. detectam algo no ar,

erguem-se nas patas, farejam, começam a
rosnar. seu corpo vai se tornar um trevo,
nova invenção de nome ainda aéreo, seus
membros se mudam, o mundo deve mudar.

mas demora: agora, só cães que querem te
partir em mil pedaços, novo deus agrário,
nome divino dos astros, da nova aventura?
como viver outro sexo, tirésias, ou fugir à

força do assédio, dafne? como cobrir a pele
frágil contra tanta agrura, actæon? a receita
que rasga a todos, pune ausência no sacrário,
hermes, afrodite: que você lute, que você fique.

gentileschi

schloss weißenstein, suzana tem nojo e dor nos olhos, sua
nudez sentada se contorce diante de dois velhos cobiçosos
a despeito do nojo e da dor [ou por causa do nojo e da dor].
artemisia amarrota-lhe os olhos diante do esgar rosnado de

quem segreda o assalto de seu sexo; em quatro anos, suzana
se torna judite, ganha a ajuda de uma amiga, e os dois velhos
se fundem no grande holofernes: as mãos das mulheres forçam
o corpo contorcido do general, a espada trincha pele, músculos

nervos, ossos. a determinação nos olhos de judite e de sua ajuda
só se equipara ao desespero nos olhos da cabeça quase solta do
corpo que fora dois, e jaz de novo dois: as mulheres se afastam
do combate [técnicas da vingança exata] no museo nazionale.

habemusne papam

"pisa a serpente, glória, mas gentilmente: pés
timoratos de criança, mal firmes de seu passo.
põe mais um prato nessa mesa solitária de sen-
tidos, história, e tantos famintos mal dormidos.

exemplo, surge honesto nesta terra cambiante,
onde os desejos confundem o bosque em labi-
rinto, e rumores do céu não se ouvem em meio
a máquinas e às tramas sobrepostas de palavras,

palavras que na torre bifurcaram-se, tomaram os
mil caminhos, os de sementes escolhendo chão
de espinho, chão de pedra, e umidade onde medra
seu sorriso num rasgar de novo verde, de verdade".

ad portas inferi

os inúmeros cadáveres do livro [sodoma &
gomorra] testam o verbo, testam o princípio:
caim cavou sua cova e judas juntou moedas
que caíram; cam, o proscrito; noé, o ébrio;

redime-os, novo moisés, o cristo, rilhando
dentes, com pregos nos pulsos, na pilha de
mortos, estrondo em três dias, revoam pombas.
puro apocalipse, pura a meretriz da babilônia;

a chuva de meteoritos, a praga de gafanhotos,
oceano a regurgitar peixes na maré vermelha,
e a sexta extinção. os inúmeros cadáveres do
livro [fogo, enxofre], *séfer tehilim*: a fundação.

christus ist kopie

cristo é cópia. cristo acampa
fora de si para ver, vencer, e
vê, claro, a campa onde três
dias deram-lhe imortalidade,

cópia infinita, cruzes, cruzados
de cruz-credo, os seus credores,
a quem deve o dia devolvido, a
revolver a história. cristo cansa

de acontecer [transfer calichem
istum a me], cristo de pedra-sabão,
[et super hanc petram aedificabo],
amém é não mais: cristo diz *não*.

ralha

buraco e vazio, a fome, a traça —
e nada, nada, rio, a água se estilhaça,
o peso do homem que se arrasta
quando diz que só sabe que nada,

sabe. sábio nada de nada que se faça,
lábio de ninguém: quando e quem,
ruído nas folhas, nas falhas da palha,
passo que farfalha: um nada em nada.

me desfaço, me desavenho, convido
e não vou, falto ao meu falso, passo.
feliz ou infeliz, qual é a graça? subtrair,
e a conta dar nada, eis o som [danada],

no sim do não, sinto e sofro, e daí sou
não sei: desmontar a cama, a casa, des-
fazer o eito e o feito, deixar a estrada,
largar toda essa tralha: obrigado de nada.

kosmonaut

maple street e sua antena de passos em marte,
um palhaço pede silêncio, brancor de lua e
dedo em riste; calva, a terra de bill anders, o
negror intenso sem estrelas, harpa de apolo

nas mãos magras com cigarro, ou os dois reis
feitos perfil; o pó de estrela em um dos olhos,
captador elétrico artrópode, se há nas teias o
padrão, se o deus sol abre na testa uma visão.

à nova mulher de olhos fechados a flor oferta
no bico costurado em seda branca, uma mulher
[ela é dietrich] que brilha esbelta, extra-humana.
o S ou o 7 atravessando a carne assinalam uma

presença soberana, perdida caindo no espaço,
estrela negra em redondez e quadratura [*divina
proportione*]: suas listras de boneco, seus olhos de
botão, recolhem-se de volta à caixa e ao cordão.

contrição

bach me recorda o melhor, parte do esforço;
o coche carregava os cozinheiros, sua mente
caminha acordada numa hipótese de paraíso,
não a piedade [erbarme dich, mein gott], mas

o sentir a força lacrimosa de pedi-la. ver seus
colegas de roda e lama a rir e falar alto, ou no
silêncio, quando o súbito saber. brandenburgo,
e os portões depois, victoria alada, a quadriga

vendo napoleão, depois hitler e ainda o muro,
e, no entanto, a estrutura do contrato dos céus
com esta terra, lama sob as rodas, baixo contí-
nuo: se cantam pássaros, agitam-se as crianças

no entorno enquanto a pena aperta a tinta, só
fluindo matemática inspirada, *chorus angelorum*
[wir setzen uns mit tränen nieder], fino brotar
silencioso de massa sonora, missal latino, deus.

a carícia escura de hesperus

começos vulgares, você sabe, o jovem não
tateia, vai aos empurrões e, quando vê, é
o meio do salão, as luzes nele, o ímpeto se
refreia do estupor de dominar o mundo em

ansiosa imaginação; armas depois nas mãos
se tornam monstros e enroscam as caudas
longamente pelo antebraço; com horror se
quer expelir aquilo, negar o seu aço. é tarde,

os relógios se retesam nas paredes, o prazer
não vem da força, do ruído: tudo demora. a
sílaba se isola pendente, pássaros se escondem
sob a copa. isso foi quando os deuses foram

pedra, magníficos, e sem sussurros ao ouvido,
sem faíscas, sem as presas afiadas: o mar que
estraçalhava em ondas de odisseia dulcifica já,
à ponta dos dedos, a carícia escura de hesperus.

envelhecendo, todos recorrem ao chefe,
enfumaçado em nicotina na marca exata
do centro do diâmetro, ou são eficientes
no cianeto de potássio. ou, ainda, abraçam

o espelho e a gaveta de retratos, quando
a casca de árvore sorri estalando a solidez
de raiz mesclada ao bosque. a terra revira
vermes e se adensa em mármore, nuvem

rígida concentrando em leite seus vapores,
esfriando o calor móvel quando imitam a
eternidade. veias se congelam no azul que
foge à luz; mas, se seiva, corre a alimentar

a lentidão e os veios de aspereza artesanal.
comentário ao vento, finca; ou calendário
dentro, vinca [anéis que ensinam geologia].
o chefe observa: colhe, hábil, enrola a erva:

fumaria.

reflorestar-se

milagre, quando a estrada é longa e igual
em todas as suas partes. e verde. não varia
de plantas em massa correndo hipnose de
sono e sossego. estrofe e estrofe seguem o

mesmo encantamento, flautista de hamelin:
vingança de som contra sentido, canção de
concha com todo o mar dentro. carpete de
cabelos da terra como um veludo de oboé.

ritmo nas rodas, deslizar contínuo, suspende
o corpo e faz liso o voar tão rente ao chão, o
sonho noturno de maciez de nuvens, da seda
de neblinas em visita, fantasma a se reflorestar.

posfácio

Gustavo Silveira Ribeiro

trazer a parte treva à tona

1. *linha de desmontagem*

Contrária à tendência geral da massificação, à submissão da vida ao governo das estatísticas e dos algoritmos, à abstração alienante que torna plano e previsível o mundo, a poesia vai afirmar-se, dos primeiros tempos da emergência da Modernidade ao panorama contemporâneo, como contradiscurso ativo, um outro modo — fundamentalmente negativo — de conhecimento. Novo e antiquíssimo saber, *ciência nova*: experiência do Um que dá acesso ao universal, recusa da especialização positiva e desagregadora que procura compartimentar a realidade. Naquilo que tem de mais instigante, pensa por deslocamentos e abre fissuras nos discursos instituídos e naturalizados: volta-se para o mundo menor, perfaz movimentos contraideológicos. Avessa à racionalidade instrumental (e seus modelos geométricos de expansão e domínio) que tudo neutraliza, a poesia oferece a imagem daquilo que escapa à totalização e resta insignificante ou inassimilável.

A poesia circunscreve e observa de perto, corta e amplifica, deixa em suspensão instantes e objetos ao assinalar sua singularidade absoluta. Em certo sentido, sua lógica interna procura sabotar a equivalência universalizante e abstrata da mercadoria. O discurso poético nos antípodas do valor de troca. A particularização de tudo, que é um dos seus fundamentos, corrói a possibilidade da mensuração, da abstração quantificável e neutra que a tudo iguala e rebaixa, destituindo a sua real existência como elemento individual. Mesmo o princípio geral da analogia, que fabrica semelhanças e estabelece conexões entre coisas díspares e desconectadas, não está ali, inseparável do pensamento poético, para desvelar a homogeneidade última de tudo. Ao contrário, irá pôr em destaque a marca singular dos corpos e dos fenômenos. É porque existem em separado, únicos e irredutíveis, não substituíveis ou equivalentes, que eles refratam o universo e podem espraiar-se em conexão. Para a poesia moderna, e a leitura deste novo livro de Dirceu Villa só vem reforçar isso, mesmo as mais altas hipóteses apoiam-se na apreensão (e na reproposição renovadora) dos aspectos menores e comezinhos da vida. A mais banal das cenas pode iluminar-se até quase a combustão: é dela que o poeta arranca as imagens concretas com que vai ancorar a complexidade das suas questões políticas, filosóficas ou metapoéticas.

Mesmo quando se volta para as grandes questões do intelecto ou para os acontecimentos multitudinários (uma guerra, por exemplo, ou a visão das massas humanas fluindo incessantemente nos centros das grandes cidades), a poesia que mais de perto fala a este *ciência nova* concentra-se e vê (imagina, recorda ou inventa, não importa) a vida em miniatura, a miríade de detalhes: os desenhos gravados num escudo, prefiguração do destino heroico e trágico de alguns homens; o brilho baço e admirado dos olhos dos pobres, no instante em que contemplam cafés e vitrines; uma flor que fura o asfalto e explode de vida em plena rua. Esta, talvez, a grande diferença da poesia em relação à prosa. Enquanto o romance (o prosaico por excelência, desde as suas origens) procura reunir, suturando-os, diversos tempos e circunstâncias em busca do seu sentido amplo, seja ele pessoal ou histórico, à poesia (o poema lírico, sobretudo) cabe deter o relâmpago, fixar o instante que se dissolve em canto jubiloso ou fúnebre, observar com olhos novos — colocar numa nova moldura, transfiguradora — aquilo que parecia, à primeira vista, passageiro. Fazer do insignificante, o extraordinário; ou notar no grandioso aquilo que há nele de simples e comum, para dizer de uma só vez. Ou ainda, conforme "Nenhuma das anteriores", do próprio Dirceu Villa: "Um dos trabalhos do poeta é tirar as coisas do lugar, isolar, ou/estabelecer relações antes invisíveis e fundamentais".

A atenção dada às dimensões microscópicas da linguagem na poesia é um outro modo de reafirmar, dessa vez no plano em tensão da forma, a particularidade e o detalhe crucial. Em poesia, cada pequeno som, cada intervalo entre letras ou torneio sintático, por mínimo que seja, é decisivo. Tudo canta, tudo significa. Não há qualquer traço de homogeneização da língua e do pensamento. A poesia é diferença e singularidade, para ela todas as rotas são desvios. Os pés inventam o seu próprio caminho, que é por isso sempre único, ainda que tenha sido percorrido muitas vezes antes. Mesmo quando se liga à tradição e aos decoros poéticos próprios de uma época ou cultura, a poesia toma o partido da irredutibilidade da experiência criativa da linguagem. Fazer, fazer-se, *make it new*: do embate com o que há de domesticado e estável no repertório da língua e da imaginação a poesia se configura como apelo à atenção, como incitação ao particular e ao disjuntivo.

Não é gratuita, nesse sentido, a coincidência entre o título que Dirceu Villa escolheu para este seu livro e o nome da obra máxima de Giambattista Vico, filósofo napolitano de entre os séculos XVII e XVIII e um dos primeiros pensadores a colocar sob suspeita o racionalismo abstrato e dogmático do discurso filosófico dominante no seu tempo. Ainda que não haja relação direta entre eles, *Scienza Nuova* (1725) serve como baliza para a reflexão mais ampla que os poemas de Villa, de modo não sistemático ou doutrinário, vêm propor. No tratado de Vico, a crítica ao modelo matemático (o idealismo metódico) da metafísica de René Descartes carrega a defesa de uma concepção materialista e integradora da vida: os homens fazem a sua própria história, apropriam-se daquilo que lhes é particular e próprio, interessados pela concretude dos fenômenos a sua volta. Para Vico, todos os saberes estão conectados: experimentar o real e debruçar-se sobre a natureza individual das coisas equivale a colocar o homem, seus mitos, fantasmas e engenhos poético-imaginativos (e não o *cogito*) no centro da História.

Por sua vez, os poemas aqui reunidos por Villa procuram responder ao seu tempo, esta nossa época tecnocrática e protocolar, fazendo a vindicação de um olhar concentrado, mergulho na unicidade e no que há de vivo no mundo. A variedade dos seus interesses, o passeio que o livro faz por uma extensa gama de objetos e eventos (a amplitude temática é traço recorrente na trajetória do autor, conforme se irá ver), a defesa da música verbal, mesmo diante do mesquinho ou do abjeto, querem ser, à sua maneira, uma reproposição poética da vária e infindável atividade humana, atividade que se desdobra em arte, técnica, trabalho das mãos, exercícios de linguagem e aventura do espírito — tudo em integração e movimento, o reverso da uniformidade entediante da governança global do neoliberalismo, que, em poesia, tem assumido tantas vezes em nossa época a forma do mero testemunho ou do poema-documento, num processo de reiteração do mesmo (de uma identidade monológica) que é a contraparte literária de uma realidade paralisada e burocrática: "a rima enfastiou a sociedade, toda/poesia é fruto da verdade", ironiza o poeta em "considere", um dos textos que oferecem algo como uma poética em *ciência nova*.

À desintegração final da vida, que se reparte em ações desconexas e sem sentido, regidas num presente eterno pela mercadoria, pelo império da logística e por um arremedo de razão, Dirceu Villa contrapõe, paralelamente à crítica de Vico à Modernidade racional-idealista, "o céu [que] se suja de vida e de séculos", tempo denso que o poema (e só ele) recolhe e encarna; tempo largo que, entretanto, se cristaliza no instante transfigurado: a hora precisa, refeita em música de dobras consonantais e pés bem marcados, da "alegre granulação dos frutos".

Num mundo de contradições infernais, resta a força orgulhosa da poesia, feita com a trama *de l'or et du fer,* para lembrar o Flaubert que Villa retoma, muito significativamente, em outro livro. Ou ainda: será nesse sentido, o da persistência da poesia ante o vazio, que deve ser compreendida a epígrafe beneditina escolhida pelo poeta para *ciência nova*: "quanto mais funda a noite, mais brilham as estrelas".

Sem divisões internas, mas pontilhado por pequenas constelações temáticas, escrito apenas com minúsculas, apresentado como um conjunto formalmente muito coeso de textos que se desdobram diante do leitor em versos longos e cadenciados, muitos de inclinação meditativa, o livro traz poemas de marcada discursividade, mas que não esquecem, pela precisão do corte, pela sintaxe intrincada (mas sem artificialismos) e pela célula rítmica dos versos que suspendem o prosaico um momento antes de sua cristalização, a natureza *diferencial* (anti-espontâneo, construído) do discurso poético aqui proposto. *ciência nova* apoia-se, para a consecução de sua tarefa reflexiva, numa teia bastante sofisticada de imagens que reinventam o que percebemos convencionalmente como a realidade, ora deixando perceber dela apenas fragmentos desconexos, ora transformando-a por inteiro, a partir de metáforas cuja capacidade de síntese e estranhamento de pessoas e objetos lança as bases do pensamento crítico. A construção de uma poesia pensante fundada nas coisas (e por isso nunca abstrata ou filosofante) foi sempre, aliás, uma das marcas mais evidentes do trabalho de Dirceu Villa, desde a sua estreia no fim da década de 1990.

Numa sucessão de questões que vão da representação pictórica da paisagem natural à interrogação metafísica, passando pela nota moral irônica e pelo devaneio amoroso e erótico, os poemas de *ciência nova* — livro sobretudo político — dispõem-se como partes de um todo variado, mas que se deixa entender, numa análise de conjunto, como uma expedição exploratória, olhar inquieto lançado sobre o torvelinho do presente, esse "espaço vazio de espuma incógnita e céu". Viagem sem ponto de partida ou chegada certos, na qual o sujeito lança-se ao cerne de uma vida o mais das vezes danificada e consegue, nesse embate, dimensionar a si e ao mundo: os horrores da coisificação e da violência, "osso do dia mecânico e sério" se temperam diante da imensidão da natureza e dos possíveis da música — a prática do poema como um contraponto, um meio (ou uma arte), enfim, de "reflorestar-se".

É nesse sentido ambíguo, entre a repulsão do mundo e a vontade de o ver e percorrer, que deve ser entendido o desenho de um escafandro que está posto na capa do livro. Vestido com o traje protetor (mas propício à curiosidade e aberto à observação pormenorizada do exterior) o sujeito mergulha nas profundezas e pode, desde aí, conhecer de fato — e enfrentar — a realidade. O mundo subaquático, imagem privilegiada do abismo e do risco, mas também da fascinação e do deslumbramento — já Kant intuía que mesmo ali, no coração obscuro do oceano, "onde o olho humano raramente chega", estaria a beleza — neste livro pode fazer as vezes do Universo, se se persistir na analogia sugerida. O escafandro também é uma máscara, convém não esquecer. Como se sabe, as máscaras para a tradição poética e dramática não apenas serviam para esconder o rosto daquele que canta e atua sob afetos codificados, mas sobretudo permitiam que ele fosse outro, acumulando em si, como camadas, muitas outras emoções e caracteres. Devidamente equipado, o poeta está apto a ver e navegar por sob as águas apodrecidas, "lodo negro como piche". Ou por sobre a terra, abaixo das estrelas, nessa "fenda voraz cava até/o firmamento".

De origem grega, a palavra *escafandro* pode ser traduzida, numa versão bastante literal, por "homem-barco": estrutura resguardada e oca, mas viva, capaz de atravessar as águas e resistir a elas. Mistura de corpo e máquina, sensibilidade e técnica, arte e ciência, enfim. Fechado em seu traje, mas voltado para fora pela pequena escotilha, o escafandrista-poeta de *ciência nova* (como também era, em certo sentido, o cavalheiro de chapéu e máscara anti-gás — uma outra forma de cobertura facial, nova máscara, enfim — que está na capa de *couraça* [Laranja Original, 2020], livro anterior de Dirceu Villa) quer antes de tudo voltar a ver melhor o mundo, tornando-se pronto a opor-se ao que nele é comércio de afetos e rudeza.

Daí a questão do olhar (sua posição, profundidade e desvios) ser tão importante neste livro. Já no primeiro poema ela se impõe: "janela guilhotina" é uma cena cromática bastante cuidada, uma recordação para a qual "a janela era uma porta feita de marinha, porta/ para os olhos abrirem em caso de mar". O corte enquadra o visto e situa o poema entre a pintura (a porta emoldura a cena e faz dela uma 'marinha', na qual espalha-se "o horizonte com rasgos de baunilha") e o cinema, dada a sua estrutura fragmentária e móvel, feita por quadros que se sobrepõem em montagem. A abertura para o exterior não se separa da violência do corte que interrompe e decepa — uma dialética inerente à visão, segundo o que parece propor o livro.

A ambivalência emocional sugerida pela cena-poema também se configura assim, intervalo incerto e oscilante entre a sombra que se impõe ("espera noturna, melancolia") e a luminosidade da água ("lâmina azul de permanência") — uma promessa que vai se desenhar. A mesma centralidade do olhar estará também em "matéria e memória", poema no qual um "impuro sol" cobra o seu preço ao abrir, desde o passado, a paisagem "sem medida de beleza, sem tarifa/de alegria". Está também no belíssimo "triestina", passeio lírico pela cidade portuária italiana que se dá pela frequentação atenta de uma casa, na qual as paredes e ladrilhos e o limo vão se fundir com o mar num só corpo, produto de vibração sensorial que faz cruzar a história de múltiplos e divergentes fios daquele local dividido entre línguas e nações. Em tantos outros momentos do livro a visualidade se dimensiona em transformação e crise, deixando perceber o peso que tem, para grande parte dos poemas, a *metamorfose* — uma questão que revela a potência ativa do olhar, em última instância: "as formas mudadas em novos corpos", para dizer com o Ovídio traduzido pelo próprio Dirceu Villa.

O olhar descobre as conexões, revela os estados de latência e ambiguidade. Inventa os meios para a transfiguração, recurso central na poesia de Dirceu Villa, que nisso retoma e reelabora o fio de mitos e narrativas da Antiguidade, interessado no momento de *maravilhamento* que a mudança produz. É significativo que o poeta tenha chamado *Transformador* a antologia que publicou em 2014, em menção ao dispositivo eletromagnético utilizado para controlar a tensão da energia que circula pelas cidades em cabos suspensos, cujo desenho está posto na capa do livro. O poeta e a imaginação poética são os responsáveis por aumentar ou diminuir a tensão da linguagem, concentrando a sua força para produzir, a partir dela, outras formas. Atualizada, a questão da transformação segue o seu curso e dá ao mundo da técnica e da matéria submetida (um mundo em decadência, em certo sentido) a porção de encantamento que, residual, lhe cabe.

A passagem de um estado a outro (de uma forma a outra) em *ciência nova* nem sempre desvela os pontos luminosos de contato e porosidade entre os seres e as coisas. Neste livro, os poemas se apresentam menos como vaso comunicante e mais como "língua espiralada": instrumento pontiagudo e cáustico, em cujas voltas as coisas vão lacerar-se. Nela (a língua), ou através dela, as coisas tocam-se e se confundem, devindo problematicamente, em raro esplendor. Às vezes, como ocorre em "chelsea manning", a metamorfose e a revolução não se separam, e o florescimento de um corpo em outro (a transexualidade é aqui a questão de fundo) carreia junto a si toda a necessidade, toda a aspiração pela transformação social: "seu corpo vai se tornar um trevo, / nova invenção de um nome ainda aéreo, seus / membros se mudam, o mundo deve mudar". As mudanças referidas são simultaneamente físicas (Bradley devém Chelsea) e políticas (a denúncia, feita por Chelsea, com o envio de arquivos de vídeo e de comunicação diplomática das guerras do Iraque e do Afeganistão, contribui para desmantelar a guerra assimétrica e os massacres rotulados "danos colaterais" pelos EUA). A beleza e a violência são inseparáveis, não sendo possível fixar-se em apenas um dos polos dessa equação. A maravilha do corpo que se transforma e reinventa (eticamente, sexualmente) traz gravada em si a tormenta da perseguição e do policiamento. Nesse poema, um não existe sem o outro — ainda que o elogio da coragem de Manning seja evidente no texto, o que faz o poema ressoar esperançosamente.

Sob vários aspectos, as metamorfoses, em *ciência nova*, indicam a falência da "ordem, chicote da ciência", que à força "mantém sedado, clínico, o corpo; e a/ mente, infecta". Um exemplo entre tantos da maneira como Villa parece absorver e reconfigurar criticamente o real: a cidade, personagem central do poema "prenhe de sonhos", é um grande corpo precário, assaltado com brutalidade e mantido em "palmas abertas imundas", contaminada por plástico banal, um dos agentes secundários da transformação destrutiva. Seu sono (do espaço urbano) se interrompe no risco dos muros, "tatuagem na pedra insone, paredes/com dentes quebrados". Mesmo quando voltada para a transformação da matéria pela ação do trabalho humano — representação materialista das potencialidades inerentes às metamorfoses, configurando-se como seu lastro humanista —, resta em boa parte de *ciência nova* uma sombra de horror. No gesto de antropomorfizar as ferramentas de trabalho, como se dá em "as forjas da indústria", Villa percebe nelas sobretudo a produção da dor: o martelo carrega "sua crina forcada"; o alicate, "a ranhura áspera da/ boca sem saliva, mas dentada", abertura metálica da "torquês de tortura". Contra as imagens do progresso e do domínio total da natureza, o poeta prefere desvelar os corpos (inanimados) que doem e fazem doer.

2. *grâce farouche*

Neste *ciência nova*, a força da poesia é, em si mesma, força política. Para além de discursos ideológicos pré-concebidos e compromissos com a representação estereotipada do mundo, a potência política do poema instaura-se como capacidade de invenção e intervenção no real. A defesa da liberdade completa da criação artística será uma maneira de afirmar, para Villa, a poesia como uma forma de responsabilidade. Não se trata aqui, de imediato, de um esforço para escapar a censuras ou controles autoritários. Nem de tão somente surpreender e chocar o leitor. A vindicação que o poeta faz das capacidades intrínsecas da poesia tem algo de anacrônico. Parte do pressuposto de que a autonomia do poeta, a soberania absoluta sobre a criação que se abre no ato do poema, é essencial para a vida na *pólis*. A responsabilidade do poeta é o seu apego ao que na poesia é intransitividade: o poeta reitera o saber específico produzido pelo ato poético, a capacidade de concisão e surpresa, de enleio e provocação que a forma-poema, irredutível, tem. A força instituinte, a ambivalência disseminadora deste livro, residem neste ponto: na mistura do discurso crítico presente em tantos poemas com a afirmação performativa das potencialidades próprias da poesia.

Num circuito de relações em que tudo, ou quase tudo, pode ser mensurado pela lógica das trocas mercantis, ou ainda submetido por normas sociais rígidas (sejam elas regulamentadas na forma da lei, sejam por hábitos e costumes firmemente estabelecidos), a arte seria dos únicos, senão o último, lugar em que a liberdade pode ser exercida em alto grau, e no qual a universalidade se coloca como demanda aberta e urgente. Daí a soberba da poesia, questão tão importante e por vezes tão pouco compreendida: ao contrário do elitismo puro e simples, ou da ausência do poeta que, indiferente, habitaria esferas acima da vida comum e das baixezas do seu tempo histórico, a soberba tem a ver com a requisição, pelo poeta (e pela própria poesia, por extensão) dos critérios de valoração e validação de seu próprio discurso.

Em outras palavras: a poesia é soberba porque deseja ser lida e pensada em seus próprios termos, definindo, ela mesma, o sentido estético e político de sua atuação, não se submetendo a critérios e imposições de outra ordem. A disputa em torno a essas questões é aguda e está no cerne da luta pelo estabelecimento do sentido e da presença da poesia moderna. Como se sabe, tal defesa da autonomia da arte se choca, há já bastante tempo, com o desejo de regular os discursos em circulação no espaço público, e por um chamado ao chão e à horizontalidade das relações que deveriam se dar, numa perspectiva democrática, no corpo social.

De um lado, a presença suposta do Estado e das muitas injunções legais que cercam a arte; de outro, o impulso à popularização e à secularização da vida, inerentes aos influxos modernizadores, vêm se colocar como obstáculos à plena realização da autonomia da arte. O poeta, nesse contexto, vê-se constrangido por pressões distintas, e procura responder ao seu tempo pela reafirmação da soberania da arte. Nesse sentido, a tradição que mais interessa para a compreensão do trabalho de Dirceu Villa, ele mesmo um poeta para quem a soberania e a soberba são questões candentes e mesmo dramáticas, passa por Baudelaire e Mallarmé, na França, e vai chegar às vanguardas do início do século XX, especialmente Pound, Eliot e Hilda Doolittle, no mundo anglófono, e Dada, num contexto europeu mais amplo, passando também, ainda que com menos ênfase, por certos aspectos do modernismo brasileiro, especialmente nos fluxos que, vindos de Oswald e Drummond e Murilo, foram dar na Poesia Concreta (o trabalho de Haroldo de Campos, em especial) e em certo Gullar. Em todos eles a questão do orgulho (mais do que a retórica da altura) se revela decisiva.

Nesses poetas, resguardadas as suas particularidades, será possível perceber a consciência da liberdade criadora e das tarefas particulares

da poesia perante a língua e a comunidade, sua responsabilidade —
traço altivo e soberano por excelência, posto que exige *escolha*, *decisão*
e *autonomia* —, seja ela figurada como reinvindicação do hermético e
da erudito (a montagem dos tempos e o autocentramento da poesia
em sua própria tradição — o que não implicou, claro, o abandono da
História e do mundo social no poema, mas o seu reposicionamento),
seja apresentada como política de confronto e de desprezo provocativo pelas normas culturais e morais do tempo, num processo de crítica
quase didática das mistificações que envolvem a arte e a distanciam da
sua energia rebelionária e da sua inseparabilidade da vida cotidiana.
Colocando-se nessa trama histórica, a poesia de Villa vai apresentar-se de modo veemente sob o signo da soberba, escolhendo antes enfrentar o seu próprio tempo do que ceder a ele; e escolhendo também
afirmar, pela composição muito refinada e rigorosa, o lugar inalienável da poesia, o papel e os sentidos que ela tem mesmo (e talvez principalmente) num mundo em que parece não haver mais espaço para
a experiência literária e artística.

A *ciência nova* propugnada pelo autor no título deste livro está decididamente atada ao lugar da poesia. Não haverá forma de conhecimento integral, justa e vivificante, que não passe pela afirmação do
pensamento por imagens, da música do mundo que a poesia cria e
põe em funcionamento. O poema como novo paradigma científico,
máquina ou corpo capaz de integrar os saberes e fazê-los girar (para
lembrar o Roland Barthes de *Leçon*, mas também, em certa medida,
o próprio Vico, uma vez que o pensador italiano reclamava para a
poesia e o mito um lugar estável entre as formas superiores do conhecimento), numa coreografia que articula o sagrado e o profano, o passado imemorial e a imaginação do futuro, os cantos populares e a
nova técnica. Daí a estrutura dupla, bifronte, dos poemas deste livro:
ao mesmo tempo exposição da natureza única do poema, enquanto
artefato anacrônico e necessário, forma por si mesma renovadamente

atual, e a crítica da sua captura domesticada, da posição conformista que tantas vezes assume na busca por validar-se ante as exigências do consumo e do entretenimento, da falsificação estética ou da submissão pela ideologia.

É possível dizer que os poemas de Villa insistem, neste *ciência nova*, num arranjo formal de rigor e disciplina. O poeta não perde de vista a célula rítmica ou o ideal da condensação, nem estão de todo ausentes o elemento encantatório e epifânico que a palavra poética, no seu trabalho, assume quase sempre com discrição. No entanto, diferente de seus demais livros, nos quais a variação formal e de tom era a regra, assumindo mesmo certa dimensão teatralizada em vários poemas, nos quais a alternância entre vozes e *personas* implicava sempre novas combinações visuais e linguísticas, neste a construção dos versos e a estrofação (e também uma certa dicção mais grave e assertiva) mantém-se constante em praticamente todos os poemas, num exercício de composição que revela, para além da coerência interna do conjunto, a fonte comum de seus motivos fundamentais e a unicidade da solução ético-estética encontrada para abordá-los.

A dimensão discursiva de tantos poemas de *ciência nova* dá carnadura e solidez ao elemento crítico decisivamente incrustado neles. Dominantes no livro, os versos alongados e bárbaros, que operam no limite entre o verso livre e a cadência métrica mais acentuada, com sua sintaxe sinuosa e abundantes *enjambements*, aproximam-se da prosa reflexiva, voltada sobre si, mas sem abrir mão, contudo, da trama sonora sutil que interrompe e faz voltar a leitura, desarmando a percepção apressada. A discursividade se equilibra entre a música discreta e a cadeia de imagens que, em fragmentos recortados com violência, vão desenhando cenas e quadros firmes, sobrepostos ou articulados entre si de modo nunca óbvio. A objetividade poética, segundo a qual a apresentação das coisas e das tensões da memória ou da experiência ocupa o primeiro plano, em detrimento de uma expressividade mais pessoal, dá a forma preferencial do lirismo para o poeta. O elemento subjetivo persiste e importa, mas se revela com distância através de um filtro que indica a necessidade de controle e equilíbrio. A confissão (mesmo simulada) não é poesia. Veja-se, a respeito, "terror sagrado", um dos poemas síntese do volume:

> todas as palavras juntas em qualquer ordem imaginável
> não reconstruirão o cosmos; a mão trêmula de abraão;
> mitra ordena a suas estrelas desfazer o touro; um naco
> de pedra vem inscrito dez vezes com raios, terror sagrado.
>
> membros da família rastejam buscando a carne do irmão;
> com tanto sangue na boca o assassino sufoca após ter
> matado a todos; o carro desgovernado para somente em
> pedaços contra o muro; o tirano cai fatiado nas entranhas
>
> por outro tirano; é um ruído que encontram atrás do muro,
> é um sinal que se emite pelo cristal líquido, é a radiação
> de encontro ao ouvido, um sussurro; são as ondas que
> oferecem o inimigo sobre o altar, uma injeção no cérebro,
>
> o que faz gozar. as falas comprimidas em grunhidos de
> parte a parte, criaturas se esgueiram revivendo das sombras
> dos séculos; pedem sangue; pedem sanha; pedem surtos;
> zeus esmaga raios com os dedos; os filhos, devora saturno.

A costura erudita de referências à mitologia (grega, hebraica, persa), à ciência moderna e à história política de impérios se faz sob o signo da negatividade mais profunda. O juízo terrível emitido nos dois primeiros versos, com seu ritmo duro e o tom sentencioso e irrevogável que têm, esvazia a crença na dimensão mágica da linguagem, fundamento tanto de religiões quanto de práticas comunitárias arcaicas. Palavras são palavras (o poema insiste) e não restauram a ordem perdida: tudo o que podem fazer é participar do circuito geral da destruição. A sucessão de imagens evocadas a seguir, do segundo hemistíquio do segundo verso em diante — organizadas em justaposição hábil e encadeamento sintático quase vertiginoso, marcado pelo uso cuidadoso do ponto e vírgula — apontam para a impotência e para a catástrofe, alternadamente. A violência que está na base do "terror sagrado" desce à terra e materializa-se na alternância de tiranos e traidores, que como as multidões (hoje virtuais) estão sempre ávidos por 'sangue' e 'sanha' e 'surto'. A brutalidade fratricida é projetada no 'carro desgovernado', alegoria simples, mas importante, desse poema: nela o mito e a história, o arcaico e o moderno se cruzam na iminência do desastre, que no texto se apresenta como repetição apenas deslocada de um processo autodestrutivo.

A falência de deuses, aprisionados por suas próprias forças e violentados por elas, vai repetir, em escala extra-humana, o destino dos homens presentes: controlados por suas próprias invenções, eles imolam-se cotidianamente no altar presidido por ondas de radiação e falsas sensações de prazer, dependentes daquilo que os molesta e torna mais solitários e mais agressivos. O *smartphone* faz aqui, quem sabe, uma aparição indireta, mas irônica e sutil — metonímia das estruturas das redes sociais e de seus sucedâneos. Os mecanismos de sedução bioquímica das novas tecnologias, que lançam no cérebro descargas de dopamina a cada clique, a cada facho de luz azul que se acende nas pequenas telas, será o desdobramento inesperado, mas lógico para o poeta, da tragédia que engolfou deidades e crenças. Sua força ou se esvaiu ou voltou-se contra si mesma, autofágica — carro desgovernado que não serve a outro propósito que não despedaçar-se contra o muro.

Os mitos prenunciavam, como que em avisos nunca de fato ouvidos, a futura entropia da Modernidade (de determinados caminhos tomados pelo moderno no Ocidente, pelo menos). Para Dirceu Villa, a distopia contemporânea traz consigo um tempo de longa duração. Parece descrever um movimento circular, que marca passo. A contínua fuga para a frente, fundamento da concepção temporal moderna, tocada como um comboio cego, não faz avançar ou superar nada, não pode restaurar um estado de plenitude que talvez jamais tenha existido. Apenas adia o pensamento e acumula horror. Conforme o autor lembra em outros poemas importantes deste livro, as imagens da iluminação e do progresso (tão frequentes em *ciência nova*) são quase sempre "beleza putrefata", a outra face de uma moeda sombria, "semente da escuridão, o holocausto à lupa".

3. *a voz se contorce*
   (poesia até agora)

Multiplicidade e escárnio. Dentre os muitos traços de uma trajetória poética que se estende já por mais de vinte anos, talvez sejam estes dois os que melhor definem a poesia de Dirceu Villa. Poeta das máscaras e das múltiplas vozes (histórica e socialmente plurais), Villa parece ter assumido de modo bastante consciente, desde os seus poemas iniciais, publicados em meados dos anos 1990, até este *ciência nova*, as propostas que, entre tantos outros, Pound (autor que Villa estudou e traduziu) e Pessoa consignaram: para eles, o poeta deve ser muitos sendo um só, cantando/escrevendo à maneira de outros, domando técnicas e materiais, temas e maneirismos que não são (não podem ser) os seus. A lição do *fingimento*, segundo a formulação portuguesa do problema, e a poética da sincronicidade, em termos mais gerais, que se conjugam no poeta brasileiro. Já numa das epígrafes do seu primeiro livro, *MCMXCVIII* (Edições Badaró, 1998), tirada de uma carta de Picasso ("Provavelmente eu sou, no fundo, um pintor sem estilo"), o poeta já afirmava, através das palavras do outro, essa tarefa-renúncia que é abrir-se a múltiplas dicções, criar em transmigração (de almas e de épocas). Não ter um estilo, para o pintor e para o poeta, não significa emular ou diluir, mas antes cultivar criativamente todos os estilos, aprender com eles e subvertê-los; existir, enfim, em aberto e em variação.

Virtuose, o poeta deve experimentar todas as possibilidades formais, todas as alternâncias de tom e perspectiva que se apresentam. E experimentar não tendo em vista apenas o porvir e o desconhecido, isto é, as formas novas. O poeta deve também, e principalmente, testar-se contra a massa imensa da tradição, as inumeráveis possibilidades que a frequentação de épocas, culturas e decoros passados pode oferecer. O seu tempo, desse modo, estará conectado a todos os outros tempos — ser contemporâneo é pertencer a todas as épocas (com ênfase na sua, no seu momento histórico), entrando e saindo por elas sem se deixar prender.

Dirceu Villa vem combinando, de livro para livro, com mais ou menos ênfase em cada um deles, o impulso em direção ao novo e à reinvenção formal típico das vanguardas com a solicitação permanente da história literária e da tradição, num percurso ao mesmo tempo muito erudito e profundamente pessoal. Em sua trajetória são mais decisivas, até aqui, as retomadas e reinvenções da Antiguidade Clássica (Safo e Ovídio, sobretudo, mas também Horácio e Marcial) e da poesia trovadoresca, em especial dos cantores da Provença e dos florentinos que com eles dialogaram intensamente — destaque indubitável aí para Guido Cavalcanti. Há também, na sua poesia compósita e multirreferencial, traços da lírica dos inúmeros tempos da Modernidade, do século XVI ao XX. Todo esse lastro não se conjuga, no seu trabalho, como carta de apresentação ou um desejo regressivo e nostálgico por tempos mais gloriosos.

Não há em Villa apreço por pais fundadores ou quaisquer autoridades, muito menos ridículas idealizações históricas. A sua é uma poesia irreverente e experimental, no sentido mais profundo desses termos: ela não se interessa por fórmulas ou escolas, e não produz homenagens que não são, a sua maneira, desvios e traições em relação aos textos da tradição. Isso dá aos seus versos uma dicção bastante singular, posta entre a ordem severa dos clássicos e a tormenta desestabilizadora (e profícua) dos modernos; entre, enfim, as questões — de ordem ética e estética — ainda abertas e prementes, formuladas há milênios por poetas e filósofos, e os dilemas do tempo presente, que estranham e refratam aquelas questões, acrescentando a elas novas dimensões. Para ele, poesia é busca: repetir e renovar as perguntas é a sua tarefa, de modo abrir a espaço para outras (e sempre provisórias) respostas.

Alicerçado na sátira e no humor (a "antropofagia dos vegetarianos", conforme a frase de Francis Picabia que serve de epígrafe a *Descort* (Hedra, 2003, seu segundo livro), o trabalho poético de Villa vem procurando continuamente confrontar o presente, zombar da imperícia de poetas e críticos, espezinhar, com violência e elegância a um só tempo, as mazelas de um mundo fora dos eixos. O senso de choque que percorre seus poemas se inscreve como paradoxo, tornando mais complexo, e não mais simples ou direto, o embate com o presente. Note-se o título e a estruturação de base de seus dois primeiros livros. Em *MCMXCVIII* (1998, em algarismos romanos) vemos o poeta assinalar a ligação imediata de seus poemas com o momento histórico, utilizando o ano de publicação como referência fundamental de sua unidade. Mas isso se dá pelo estranhamento, como é fácil observar. A numeração antiga, solene e de lastro monumentalizante, apresenta uma data em torno da qual, naquela altura, não havia nada de especial. Era o ano que corria, e a grandeza dos algarismos romanos soava como ironia e impertinência, dado o seu anacronismo deliberado e a também deliberada ausência de grandeza dos poemas, quase todos voltados para a vida cotidiana e escritos, e isso é fundamental no contraste produzido, em linguagem coloquial. Nesses poemas, para além da intensa variação formal e temática, e de uma tessitura musical sofisticadíssima que remete às rimas abundantes e surpreendentes da poesia provençal, predominam a crítica sibilina ao não-lugar social da poesia, essa mercadoria imprestável. É o que lê logo na canção que abre o livro, segundo a qual o poeta, impotente, não é mais do que "um mascate deprimente".

Descort, por sua vez, aprofunda e radicaliza a tendência da poesia de Villa para a sátira e para a crítica. O título aponta, novamente, para um tempo múltiplo. Nessa palavra se podem ler, de imediato, dois sentidos. O primeiro é uma remissão erudita à forma poética da *langue d'oc*, de mesmo nome do livro, e que descreve (emergindo do francês antigo e do provençal) uma forma poética na qual as estrofes são irregulares. Literalmente, o vocábulo significa também 'briga' ou 'discordância' — e aqui, por afinidade sonora com a língua portuguesa, é possível perceber também que ela aponta para a descortesia, um novo sentido que, desdobrado poeticamente diante de um determinado contexto, vai indicar o *ethos* fundamental dos poemas desse livro.

São peças de variada extensão e técnica, nas quais prevalecem a admoestação e a piada. O poema, em *Descort*, é quase sempre polidamente descortês, endereçado tanto ao "ninho de vespas" do mercado editorial quanto à cena cultural de São Paulo, "poça de notícias amargas". Os críticos e os leitores, bem como os modismos universitários e as maledicências jornalísticas, também não saem impunes, fustigados pela língua cáustica do poeta, com suas imagens grotescas e paronomásias desconcertantes. Nesses poemas, Villa está a disposto a parodiar e destruir, tão divertidamente quanto possível, a banalidade anódina de certo mundo literário, a estupidez crescente da sociedade de massas — cuja espiritualidade cosmética coloca "anjos em poleiros" — e os descaminhos do poder. As férias litorâneas do então presidente Fernando Henrique Cardoso, por exemplo, deram ensejo a "Nosso rei se banha", sátira zoopoética na qual o governante é o "tucano-gavião", "rei de Eldorado", cuja "bunda real de ilustre abundância" se espalha, ridícula, por toda a cena, deixando ver como o poeta repropõe a tópica do *riso contra a força*. Não será sem motivo, nesse sentido, que Villa componha poemas nos quais falam Gregório de Matos, "cantor mendicante", e Joan Brossa. Ambos são poetas do escárnio e do engenho, e com eles, na tradição de riso e de rebaixamento de que fazem parte (junto ainda a Jules Laforgue e Alfred Jarry, outras referências em *Descort*), o autor quer se enturmar.

Nos seus trabalhos posteriores, *Icterofagia* (Hedra, 2008); a antologia *Transformador* (Demônio Negro, 2014), que reúne parte considerável do que havia sido publicado até então, além de traduções e inéditos; a plaquette *Speechless Tribes* (Corsário-Satã, 2018); e o já referido *couraça*, publicado sob a vigência da peste, mas gestado por muitos anos, o poeta persiste nos caminhos antes traçados, acrescentando a eles, no entanto, impasses e inflexões. O longo volume de 2008, cujo título remete à 'devoração do amarelo', numa imagem de ampla ressonância na qual se pode ler, entre outras coisas, a figuração do interesse (do apetite) vasto do poeta, estômago e mente abertas para o melhor e o pior do seu tempo — ou de qualquer tempo —, o ouro refulgente e os dejetos intragáveis, traz, na sua tessitura, a mistura de linguagens, a justaposição de estilos e tempos como traços importantes, visíveis tanto na extensão de seus assuntos quanto na discrepância de seus recursos formais. A constância com que Villa, nesse livro, recorre ao jogo de máscaras e aos elementos dramáticos confirmam essa aposta no contraditório e no multitudinário. Tais construtos formais servem como esteio concreto, suporte material para as derivas do pensamento e a visão de mundo dialógica, verdadeiramente agônica e de embate permanente entre vozes e valores que caracterizam o trabalho poético do autor.

No livro, a invocação das musas, dos mitos arcaicos e dos deuses se dá sobre a matéria impura dos dias que correm, eivada de burocracia, políticas de austeridade econômica e estratégias de *marketing* pessoal. Não se trata de referências mais ou menos descontextualizadas, lançadas como atestado de congenialidades. É a historicidade que se abre. Recorde-se, aqui, a propósito, o belo e emblemático poema "DISCURSO FLORAL DE DAFNE TRANSFORMADA EM LOUREIRO". Nele, Villa como que percebe Ovídio num verso do Radiohead, "Why so green and lonely?". A partir daí, passa a reelaborar o mito e a narrativa clássicas de um ângulo muito diverso. É Dafne quem fala: sua tragédia amplifica-se pelo uso do monólogo lírico, que faz da cena apresentada brevemente, e com alguma distância, nas *Metamorfoses*, um exercício de focalização interna e singularização da voz. Desaparecem Apolo e o pai da jovem, a fuga dá lugar ao recolhimento em si, o encontro consigo: "eis-me tornada/em mim/mesma".

A personagem é outra, ainda que os traços do mito sejam evidentes. Villa experimenta a reescrita como torção e traição. Nessa mesma direção: o poema transforma-se, ele mesmo, e a disposição de seus versos e estrofes, na imagem evocada. Em certo sentido, o "discurso floral" ganha contornos físicos na página. Dafne refaz-se em árvore, e o poema de Villa é ele mesmo arborescente, verticalizado, construído (segundo as experiências mais fecundas da poesia visual moderna, de Mallarmé ao *Fluxus*) como um tronco que se lança ao alto, espraiando-se em nós, folhas e inflorescências. As palavras em caixa-alta marcam os intervalos do corpo novo, suas volutas. A metamorfose é completa, embora guarde a memória do texto-forma antigo. O metro latino desfeito, a épica tornada fala ligeira (e pessoal), a música reproposta agora em oferta voltada para os olhos.

Em *Icterofagia*, a crítica ao mundo contemporâneo proposta nos versos de grande apuro técnico ao mesmo tempo atualiza a força derrisória dos mestres do passado (fazendo-os pensar indiretamente, por deslocamento, questões de outro momento histórico) e alonga, de modo quase indefinido, a carnadura trágica dos conflitos que assolam a realidade atual, na medida em que eles se projetam em contradições arcaicas, fundadoras, e que ainda não terminaram de passar. As formas revisitadas do passado fixam a tensão.

O poeta toma-as, nesse livro em especial, como campo de experimentação, em consideração ao aspecto anacrônico e estranho que elas têm diante das fórmulas poéticas correntes no país, muito próximas, ainda que com diferenças importantes, do predomínio do testemunhal que hoje, segunda década do novo século, marcam parte da produção mais em evidência entre nós. A atualidade das máscaras se revelava uma leitura crítica do presente (pela recusa explícita da ancoragem exclusiva do poema — e da arte em geral — na experiência biográfica pessoal, ou nas injunções incontornáveis das identidades minoritárias), ao mesmo tempo em que se mostrava também um esforço consciente de arqueologia poética. Villa iria buscar na tradição aquilo que, esquecido ou recalcado no contemporâneo, pudesse a um só tempo estranhá-lo e revigorá-lo.

Em certa medida, e resguardadas as particularidades de cada poética específica, o que Villa vem fazendo é o mesmo que alguns dos mais interessantes dos seus companheiros de geração também têm procurado realizar: Angélica Freitas e seu mergulho na tradição da poesia satírica, que incorpora tanto as "canções de atormentar'" da cultura medieval (as cantigas de maldizer, agora postas contra o poder patriarcal) quanto as diatribes políticas e [anti]poéticas dadaístas e das neovanguardas do pós-guerra; Ricardo Domeneck e a reativação da lírica amorosa latina — notável em seu trabalho a partir do ponto de viragem que foi, na trajetória do poeta, *Cigarros na cama* (Berinjela, 2011) —, adicionando ao repertório das elegias de Catulo os lamentos sentimentais (e lacrimosos) da canção popular brasileira, entre outras referências acintosamente *pop* e provocativas (os melhores resultados dessa mistura estão disseminados entre os poemas de *Ciclo do amante substituível* [7Letras, 2012] e *Odes a Maximin* [Garupa, 2018]); ou Guilherme Gontijo Flores, em cuja produção se incrusta, pelo entrelaçamento de escrita e tradução, um conjunto muito variado de poéticas arcaicas, cuja afinidade com o presente histórico e com as demandas da poesia contemporânea ele vai pacientemente propondo e anotando, seja no registro trágico de *Tróiades: remix para um próximo milênio* (Patuá, 2014), que reescreve em poemas curtos e violentos fragmentos de tragédias da Antiguidade Greco-Latina, seja na recuperação de formas e mitos de culturas e línguas distantes do arcabouço mais comum à poesia brasileira moderna, tais como os cantos amorosos do Egito Antigo ou todo um conjunto de tradições orais de povos originários das Américas, ou ainda criações nômades que circulam pela Ásia ou pelo Leste Europeu, verificáveis em graus e medidas variáveis em *carvão :: capim* (34, 2018) e no recente *Potlatch* (Todavia, 2022).

No seu livro seguinte, *couraça*, Villa consegue tornar mais visível o lirismo erótico-amoroso que percorre, ora mais, ora menos subterraneamente, todo o seu trabalho poético. Como nos outros volumes, tudo nesse livro é compósito e rigoroso, desde a imagem que lhe serve de título, tomada a Gustave Flaubert, conforme antes ficou dito: trata-se, de acordo com a metáfora sugerida pelo escritor francês, de uma armadura feita de orgulho e poesia, em cuja trama se combinam ouro e ferro: defesa e adorno, dura delicadeza. Os elementos que se misturam na definição dessa couraça estão disseminados no corpo do livro. Proteção contra as ameaças e traje de combate, a armadura é uma outra pele, impenetrável e artificial, voltada contra as ameaças exteriores. Agindo para neutralizar os golpes recebidos, a roupagem permite a luta e facilita o ataque. Mas a couraça é também uma forma de distinção: quem a usa (como as joias e as insígnias militares ou religiosas) sabe-se diferente dos demais, tornado singular. Fechado em si, o sujeito se investe de força; escolhido, afinal de contas, entre o comum dos homens. Resguardado, em certo sentido, pode um pouco mais livremente entregar-se ao canto amoroso.

A imagem da couraça atravessa muitos momentos do livro como uma ética da potência e da proteção, mas também como um adereço altivo. Um dos primeiros poemas, a "Prece materna para corpo fechado" evoca, numa peça de alta intensidade emocional, um escudo de palavras. Numa sucessão de apelos apresentada em longos versos anafóricos, e que remetem à fé popular cristã e ao mito grego de Aquiles e Tétis, a voz que se ouve no poema (uma mãe) quer envolver o filho vulnerável "na névoa mais clara", onde não o alcancem nem as "chagas da chantagem" ou a "intratável violência da ambição". A elevação musical desses versos (feitos de assonâncias e melodia insidiosa, que se repete e avoluma) confirma o caráter ritual da oração, construída como canto suplicante. Em "Íbex", o animal solitário e possante, 'como se músculo só', escala a montanha íngreme procurando "o verdor no sol/da aridez vermelha". Seus chifres e cascos e dentes são a armadura diminuta que lhe coube, e com a qual enfrenta a parede de pedra do precipício. A cobertura do animal é frágil, os riscos imensos. Mas há, além do instinto e do hábito, como que um fascínio na subida. O domínio de si irrompe no gosto pela altitude. É um corpo em resistência e orgulho. Como certos poemas do livro, é áspero e sublime.

Atravessado pelo impulso erótico e pela dissolvência de uma música íntima, aberta tanto ao contato com a natureza quanto com o corpo do outro, *couraça* continua e aprofunda a imantação lírica que já se fazia visível em muitos poemas de *Icterofagia*. O poeta satírico não está ausente, mas ele parece, de certo modo, recuar. Na comparação com os livros anteriores, e num confronto com o que vai apresentar a seguir em *ciência nova*, é como se um *intermezzo* solar tivesse se aberto. A retórica da altura muito frequente nesses poemas assinala, é seguro dizer, algo mais do que a questão da soberba. A leveza e o enlevo, suas lições de flutuação e de expansividade (tanto da linguagem quanto do sujeito poético), repropõem o sentido da experimentação nessa poesia, cujo significado se volta para o contato e a entrega da matéria, e não apenas para a invenção do novo. O mundo deve ser testado e fruído. O poeta projeta-se no cosmos, funde-se à paisagem, escava no ser amoroso uma morada para si. Em outras palavras, Villa perde um tanto do peso e da gravidade que o mantinham preso ao chão. Seu olhar vai se dirigir às belezas possíveis que crescem inesperadas ao redor. São elas que confirmam que a vida é o avesso do "interrogatório dos dardos" & "a vigília das metas". A "carnadura da terra/ onde incham galhos e frutas explodem/doçura" é o espaço privilegiado por onde o poeta transita entre mundos, posto fora, momentaneamente, dos circuitos opressivos da produção e do tempo quantificado.

Dissidente em relação à dicção corrente de boa parte da lírica brasileira das últimas décadas (como são dissidentes alguns dos seus poetas brasileiros de predileção, como Sapateiro Silva, Joaquim de Sousândrade e Leonardo Fróes), a poesia de Dirceu Villa é necessária aos nossos dias pela alta qualidade de seu *ostinato rigore* e pela radicalidade de sua autonomia obstinada. "Um homem sem mestre ensina a si mesmo e cumprimenta os mortos ilustres", o poeta já havia antes, provocativamente, anotado. O espaço de liberdade em que a sua poesia se inscreve, e que abre ao leitor atento e interessado, não pode ser perdido de vista. Tal espaço marca um ponto de referência na cena contemporânea: indica aquilo que a poesia no Brasil também pode ser.

Belo Horizonte, março de 2022

índice

janela guilhotina 9
o privilégio dos tolos 10
sfisstckaded 11
sobrado 12
véspera de não 13
em sábado de aleluia 14
matéria e memória 16
triestina 17
carta de corte 18
notícias do mundo 19
o homem das montanhas 20
la voix humaine 21
a estrutura do martírio 22
grâce farouche 23
a mãe do nosso açougueiro 24
oráculos sibilinos 25
drosophila melanogaster 26
imolação 27
escafandro 28
cosmopolis 29
grande composição com cristaleira 30
a farmácia portátil do dr. chernovitz 31
al-shaar 32
ciência nova 33
o zelador no telhado 34
ar maravilhoso em fevereiro 35

pensar de pluma 36
receita simples para o bem-viver 37
cavalo negro atravessa 38
sexo e paisagens 39
hotéis 40
a uma poeta finlandesa 41
guerra cultural 42
considere 43
baby berserk 44
terror sagrado 45
emblema transparente 46
jargão de pia e barril [i] 47
jargão de pia e barril [ii] 48
la bête, ou titânia, 1794 49
animais de floresta 50
duas carniças 51
cultura cafeeira 52
petiterra 53
magma enigma 54
canção de ninar 55
2016 56
a polícia montada passa sob a minha janela 57
uma garça na praça da república 58
cada flor uma ferida 59
pedido 60
what the devil whispered 61
plumas de dragão 62
episódio cínico 63
miserere nobis 64
canção do maquinista-pintor 65
protocolo de atendimento 66
posologia 67
clichês de um convalescente 68
abscessos 69

o grande silêncio 70
linha de desmontagem 71
espetáculo de ti diante de reis 72
a mão e a valise 73
estranho & nobre 74
ninfas tangem o seu dobre 75
uma bruxa 76
a ordem da lua 77
hekurap 78
holzweibel 79
heimatlos 80
freedom is slavery 81
duna 82
os reis vermelhos 83
as forjas da indústria 84
o deus da biomecânica 85
miniaturas 86
pelo vidro se vê que ela serve dois pratos 87
aux âmes sensibles 88
prenhe de sonhos 89
juízo 90
arte de civil decoro 91
liberalidade 92
nêmesis 93
assurbanipal e o alimento da vida 94
cydonia mensæ 95
cromosfera 96
mezzotinta 97
gabinete de curiosidades 98
andares altos 99
air-conditioning nightmare houses 100
dhūma 101
sr. barbáro 102
o jardim de medusa 103

letra de câmbio 104
o departamento de etiqueta 105
mandíbula 106
chelsea manning 107
gentileschi 108
habemusne papam 109
ad portas inferi 110
christus ist kopie 111
ralha 112
kosmonaut 113
contrição 114
a carícia escura de hesperus 115
fumaria. 116
reflorestar-se 117

posfácio / Gustavo Silveira Ribeiro.................... 119

COLEÇÃO POESIA ORIGINAL

Quadripartida PATRÍCIA PINHEIRO
couraça DIRCEU VILLA
Casca fina Casca grossa LILIAN ESCOREL
Cartografia do abismo RONALDO CAGIANO
Tangente do cobre ALEXANDRE PILATI
Acontece no corpo DANIELA ATHUIL
Quadripartida (2ª ed.) PATRÍCIA PINHEIRO
na carcaça da cigarra TATIANA ESKENAZI
asfalto DIANA JUNKES
Na extrema curva JOSÉ EDUARDO MENDONÇA
eu falo ALICE QUEIROZ
sob o sono dos séculos KETNER SGUASSÁBIA
Travessia por FADUL M.
Caminhos de argila MÁRCIO AHIMSA
Tópicos para colóquios íntimos SIDNEI XAVIER DOS SANTOS

© 2022 Dirceu Villa
Todos os direitos desta edição reservados à Laranja Original.

www.laranjaoriginal.com.br

Edição	Filipe Moreau
Projeto gráfico	Marcelo Girard
Produção executiva	Bruna Lima
Diagramação	IMG3

Dados Internacionais de Catalogação na Publicação (CIP)
(Câmara Brasileira do Livro, SP, Brasil)

Villa, Dirceu
    Ciência nova : poemas / Dirceu Villa. –
São Paulo : Editora Laranja Original, 2022. –
(Poesia Original)

ISBN 978-65-86042-41-2

22-112696   CDD-B869.1

Índices para catálogo sistemático:

1. Poesia : Literatura brasileira B869.1

Aline Graziele Benitez - Bibliotecária - CRB-1/3129

Laranja Original Editora e Produtora Eireli
Rua Capote Valente, 1198
05409-003 São Paulo SP
Tel. 11 3062-3040
contato@laranjaoriginal.com.br

Papel Pólen 90 g/m² / *Impressão* Expressão e Arte / *Tiragem* 200 exemplares / Julho 2022